Elogios para *Inquebrantable*

«Puede que seas todopoderoso, confiado y perfecto, pero hay un poco de Nellie en ti. Ciertamente hay un poco de Nellie en mí. Mejor empezamos a hacer algunas cosas que son incómodas porque nuestro planeta, la gente y nuestros negocios necesitan líderes fuertes. Nellie cambió vidas y una gran organización al ser valiente. Ella demuestra repetidamente que las personas a tu alrededor cambian cuando tú lo haces. Las grandes empresas tienen una proporción poco común de líderes como Nellie, y tengo los datos para probarlo».

—Michael C. Bush,
CEO de Great Place To Work y Autoridad Global en
Culturas Laborales de Alto Rendimiento y Alta Confianza

«En Inquebrantable, *Nellie Borrero comparte cómo ha liderado la lucha por la diversidad e inclusión para asegurar que todos pertenezcan. Con su voz auténtica, ella saca a la luz la urgencia del cambio hoy e inspira a los lectores a tomar acción. Si lees solo un libro sobre el poder de la pertenencia y cómo puedes ser un defensor de una cultura de inclusión en tu organización, lee* Inquebrantable».

—Jacqui Canney,
Directora de Personal, ServiceNow

«Inquebrantable *cambiará la forma en que los líderes piensan, sienten y se comportan—sin importar quién eres o dónde estás en tu carrera. El libro ofrece una franqueza inesperada, perspectivas oportunas y soluciones probadas en batalla. Rara vez encuentras tantos recursos en un solo lugar».*

—Douglas R. Conant,
Autor bestseller del *New York Times*,
ex CEO de Fortune 500 y Defensor del Liderazgo

«El liderazgo icónico es liderazgo inclusivo. Nadie lo sabe mejor que Nellie Borrero. Su historia personal durante 30 años en una empresa global líder es verdaderamente "inquebrantable"—donde enfrentó los mismos tipos de obstáculos, desafíos y oportunidades con los que muchas personas aún lidian en el trabajo hoy. Sin importar tu origen, posición o empresa, el libro de Nellie exigirá que hagas más, porque (como muestran los datos) el liderazgo de crecimiento es liderazgo inclusivo».

—Rachel Cooke,
Directora de Operaciones, BrandonHall

«¡Poderoso y honesto! La historia de Nellie Borrero sobre su valiente ascenso desde el Bronx hasta la junta directiva de Accenture te mantendrá riendo, estremeciéndote ante los tropiezos e inspirado hasta el final. Lleno de la verdad cruda de lo que significa ser una mujer minoritaria en posiciones de liderazgo, la historia de Nellie trata sobre una lucha notable, pasión y determinación para hacer de la inclusión de esta empresa una ventaja competitiva. Ella comparte sus estrategias galardonadas, comenzando con movimientos inteligentes que todos pueden hacer el lunes por la mañana para pensar más grande. Inquebrantable *es una lectura obligada para ejecutivos, RH y personas en todas partes que buscan mejorar sus organizaciones, porque no podemos esperar más para hacer bien por el talento».*

—Dr. Marshall Goldsmith,
Thinkers50 #1 Executive Coach y autor bestseller del *New York Times* incluyendo *The Earned Life*

«Profundamente personal, con historias vívidas que evocan emociones fuertes en el lector, el libro de Borrero saca a la superficie los desafíos que muchos de nosotros enfrentamos en el lugar de trabajo y proporciona una hoja de ruta para superarlos».

—Dra. Stefanie K. Johnson,
Gurú de Thinkers50, Profesora en la Leeds School of Business de CU Boulder, autora del bestseller del *Wall St. Journal*, *Inclusify*

«Un libro lleno de verdades vividas, Inquebrantable *de Nellie Borrero comienza con historias personales, poderosas y profundamente resonantes. Para aquellos que desean liberar su grandeza no reconocida—ya sea que seas un "aliado incómodo" que puede hacer más para ayudar a otros a encontrar su grandeza, o provengas de una comunidad diversa y hayas enfrentado algunas de las mismas barreras de Nellie—este libro te da un sentido de capacidad para ganar juntos».*

—Sanyin Siang,
Directora del Coach K Leadership & Ethics Center de
Duke University, gurú de Thinkers50 y Asesora de CEOs

«Nellie Borrero es un ser humano único que ha enfocado su carrera en elevar a otros a través del poder de la inclusión. Accenture ha evolucionado hasta convertirse en un lugar de trabajo diverso y globalmente reconocido como el mejor, en gran parte, debido a la determinación y humanidad de Nellie. Ella ha tomado su carrera de 30 años en Accenture y la ha compartido abiertamente como un esfuerzo continuo para crear cambio. Obtén la historia completa y cómo puedes convertirte en un defensor de la inclusión en tu empresa, en Inquebrantable».

—Rosa Ramos-Kwok,
Directora Gerente de JPMorgan Chase y Presidenta
de la Junta del Hispanic IT Executive Council

«Este libro es importante para que todos lo lean, procesen y absorban. Su premisa se trata verdaderamente de un negocio exitoso en el siglo XXI. Siempre he pensado en la diversidad e inclusión como "negocio básico". Si no tienes un conjunto amplio de talento, no entiendes tu base amplia de clientes y no entiendes la base amplia de proveedores de los que depende tu empresa, tu negocio no alcanzará los niveles de rendimiento de aquellos que sí lo hacen. El talento ha demostrado ser un motor de crecimiento e innovación. Todo tipo de talento—incluyendo diversos orígenes, etnias y experiencias. Las empresas, organizaciones y gobiernos con una mezcla verdaderamente diversa de talento han demostrado superar a aquellos con poca o ninguna diversidad. El libro de Nellie, Inquebrantable, *pone*

eso en claro enfoque. En su carrera, Nellie ha ejemplificado una pionera y líder orientada a la acción mientras ha ascendido a Directora Gerente de Inclusión y Diversidad Global en Accenture. Nellie representa el corazón y el alma de Accenture. Ella lo vive y lo respira. Su libro sirve como un manual sobre cómo valorar a todas las personas y cómo unir talentos diversos para construir una ventaja competitiva y una cultura de clase mundial».

—Sol Trujillo,
Fundador y Presidente, Trujillo Group, LLC;
Presidente del Latino Donor Collaborative;
y Cofundador de L'ATTITUDE

«Inquebrantable es un libro que brinda la inspiración necesaria para desmantelar los prejuicios y promover una transformación duradera, así como la celebración de la inclusión de todas las personas. Las reflexiones de Nellie son vestigios del pasado que iluminan la urgencia del presente. Aunque algunas de sus experiencias puedan sorprender a ciertos lectores, empoderarán a todos para convertirse en agentes de cambio e inspirarán a otros a actuar como aliados. Hazte un favor: si realmente buscas comprender el poder y el impacto del sentido de pertenencia, adquiere este libro hoy mismo y también un ejemplar para un colega o un mentee».

—Leah McGowen-Hare,
MSEd, Vicepresidenta sénior; Salesforce

INQUEBRANTABLE

Prólogo de **JULIE SWEET**

NELLIE BORRERO

INQUEBRANTABLE

RECHAZANDO LOS PREJUICIOS, IMPULSANDO EL CAMBIO, CELEBRANDO LA INCLUSIÓN

WILEY

Publicado por John Wiley & Sons, Inc., Hoboken, Nueva Jersey.

Para obtener información general sobre nuestros productos y servicios o para obtener soporte técnico, por favor comuníquese con nuestro Departamento de Atención al Cliente dentro de los Estados Unidos al (800) 762-2974, fuera de los Estados Unidos al (317) 572-3993 o fax (317) 572-4002.

Wiley también publica sus libros en diferentes formatos electrónicos. Parte del contenido que encontrará en la versión impresa puede no estar disponible en formatos electrónicos. Para obtener más información sobre los productos de Wiley, visita www.wiley.com.

Datos de catalogación en la publicación de la Biblioteca del Congreso:

ISBN 9781394411757 (Cloth)
ISBN 9781394411764 (ePub)
ISBN 9781394411788 (ePDF)

Diseño de la portada: Wiley
Imágenes de portada: © epic/Adobe Stock
Fotografía del autor: © Brett Deutsch, Deutsch Photography
Traducción: Josué Andrés Moz

SKY10161663_070726

Este libro está dedicado a:

Mis padres, José y Georgina, quienes sentaron una base de amor, inculcando un sentido interior de espiritualidad, empoderamiento personal y orgullo

Mi esposo, Ken, que con amor y desinterés siempre me alienta en cada fase de nuestros viajes juntos

Mis hijos, Ginaly y Kenny, cuyo amor de cada día me nutre y me colma de alegría y propósito

Mis nietos, Liam y Lando, quienes me han recordado lo maravillosa que es la vida a través del amor y la imaginación de un niño

Contenidos

Prólogo

El éxito de Accenture está completamente entrelazado con nuestro enfoque en la diversidad, la equidad y la inclusión. Cuando existe una cultura y un sentido de pertenencia, logramos un mejor desempeño financiero, atraemos al mejor talento y vivimos nuestros valores fundamentales. Pero no siempre fue así en nuestra empresa.

En 2010, cuando me incorporé a Accenture, el entonces director ejecutivo, Pierre Nanterme, me dijo: «No somos líderes. Somos seguidores rápidos». Ambos sabíamos que esa postura no era suficiente para garantizar nuestro éxito. Apenas unos años después, establecimos la ambición de liderar con innovación y de transformar nuestra compañía de menos de un 20 % en digital, nube y seguridad a un 70 % para 2020. Reconocimos que no se puede liderar en innovación —ni reinventar el núcleo del negocio— siendo un seguidor rápido. Y tampoco se puede ser innovador sin una amplia diversidad de perspectivas, experiencia y conocimiento. Fue en ese momento cuando la diversidad se convirtió en una prioridad empresarial.

La lógica empresarial es clara: el talento es un diferenciador competitivo. Para tener éxito en la próxima década, las empresas deberán acceder, crear y liberar el potencial del talento. Y si los líderes no atraen talento diverso, reducen su reserva de talento por defecto, lo que se traduce en una menor ventaja competitiva.

Por eso definimos la estrategia y los objetivos, recopilamos datos y comenzamos a exigir rendición de cuentas a nuestros líderes, del mismo modo que lo hacemos con nuestras prioridades financieras. En 2015, como directora ejecutiva de Accenture Norteamérica, publiqué externamente —por primera vez en nuestra industria— los datos demográficos de nuestra fuerza laboral en Estados Unidos sobre género, raza y etnicidad, personas con discapacidad y veteranos. Lo hicimos con una visión clara: la transparencia genera confianza. Nuestros números no eran buenos al inicio, así que redoblamos esfuerzos. Y comenzamos a atraer talento más diverso, no porque ya estuviéramos donde queríamos estar, sino porque las personas sabían que estábamos comprometidos con fomentar una cultura en la que todos pudieran ser auténticos y alcanzar su máximo potencial, tanto personal como profesional.

Nada de esto habría sido posible sin Nellie Borrero.

El recorrido de Nellie es el recorrido de Accenture. En sus propias palabras, ella ha liderado el camino al «rechazar los sesgos, ocupar el espacio y hacerlo con una buena intención». Ha ayudado a Accenture —y a innumerables empresas e individuos— a pasar de la aspiración a la acción. Su determinación y su enfoque incansable en hacer lo correcto para todas las personas en la sala, incluso cuando resulta extremadamente difícil, han logrado avanzar desde la falta de comprensión —y en ocasiones incluso una resistencia ciega al cambio— hacia una realidad bienvenida y necesaria: diversidad a través de la intención, inclusión a través de la elección e igualdad a través de las acciones cotidianas.

Valoro profundamente mi relación con Nellie y me inspira su trayectoria. Ha sido fundamental para ayudarme a convertirme en la líder que aspiro a ser, gracias a su retroalimentación valiente y a su asesoría clara y directa.

Durante décadas, Nellie ha recorrido el mundo compartiendo aprendizajes con comunidades subrepresentadas y formando a generaciones de líderes sobre cómo liderar a otros, especialmente en materia de diversidad. En estas páginas, ofrece consejos prácticos para negociar choques culturales, crear tu propia marca de valentía, cultivar un sentido de pertenencia y reconocer tu propio valor. En el centro de todo ello se encuentra la historia personal de Nellie: los altibajos, sin reservas. Este es un libro sobre el potencial y la posibilidad humanos, basado en emociones reales y en su empatía ilimitada.

No siempre es una lectura fácil, porque no pretende serlo. La diversidad y la inclusión son temas complejos. Nellie plantea las preguntas difíciles sobre pertenencia, marginación y auto-minimización que debemos hacernos sobre las personas con las que trabajamos y sobre nosotros mismos, especialmente si somos líderes. ¿Qué se siente estar incómodo en tu propia piel, sentirte marginado y solo? ¿Que otros cuestionen tus capacidades? ¿Y llegar a cuestionarlas tú mismo?

A través de su honestidad, su apertura y su orientación práctica, Nellie está impulsando el cambio que desea ver en el mundo.

Guiados por este libro perspicaz y esperanzador, podemos trabajar juntos hacia un futuro en el que todos sean vistos, escuchados y valorados, y en el que todos celebremos la inclusión.

Julie Sweet
Presidenta y Directora Ejecutiva, Accenture

INQUEBRANTABLE

Introducción: El Poder De Una Pregunta

Hace varios años, mi colega, Carolina, y yo debatíamos acerca de una oportunidad profesional que habría hecho evolucionar el trabajo que yo venía realizando para tener un alcance más global. Era un rol más amplio que, sin duda, habría impulsado mi carrera a nuevas alturas de liderazgo y, a su vez, el tipo de avance profesional que tenía visualizado desde hace tiempo. Sin embargo, en lugar de estar completamente emocionada, me senté a enumerar todas las razones, o siendo más exacta: todas las excusas de por qué no era un movimiento estratégico sensato para mí en ese momento. Sentía una carga que me robaba la libertad de emocionarme y sentirme verdaderamente feliz por la oportunidad.

Mientras agregaba a la lista aspectos negativos de manera incansable, Carolina me preguntó de forma muy directa y decidida: «Nellie, ¿quién de tu pasado te hizo creer que no eres lo suficientemente buena». Su mirada era penetrante y un poco intimidante. Y aunque en mi corazón sabía que su pregunta venía de un lugar genuinamente bueno —pues ella era una integrante del equipo que me reportaba y nos conocíamos desde ya bastante tiempo en ese momento—, mi mente inmediatamente pensó: «¿Qué es lo que se atrevió a preguntarme?, ¿realmente por qué me preguntaría algo así?».

Me detuve un momento, esperando que mi lenguaje corporal ocultara adecuadamente mi actitud defensiva. Convencida, con seriedad, respondí: «Absolutamente nadie». No estaba dispuesta a exponerme y quería que mi respuesta terminara con la conversación. Redirigí la plática hacia otros temas que debíamos abordar. Pero, por lo decisiva que fue mi respuesta, no pude negar la existencia de aquella desagradable punzada que resonó en mi interior. Era obvio que había tocado una fibra sensible.

Más noche, estando en casa, no podía quitarme de encima la incomodidad causada por la pregunta de Carolina. Traté de distraerme con mi rutina nocturna habitual. Puse las noticias para distraerme con el ruido de fondo y atravesé la cocina, abriendo el refrigerador y las alacenas para cocinar la cena rápidamente, pero nada ayudó. Con cada pizca de sazón que echaba en la olla podía, casi en perfecta sincronización, escucharme repetir cada palabra de esa pregunta provocadora: «¿Quién/te/hizo/creer/que/no/eres/suficientemente/buena?».

Sabía que era hora de revolver una de las ollas en la cocina, pero estaba demasiado distraída para hacerlo. Uno a uno, y cada vez a mayor velocidad, los recuerdos de mi infancia inundaron mi mente. Esos momentos, experiencias e incidentes que me impactaron profundamente y moldearon mis creencias, reaparecieron vívidamente, acompañados de un torbellino de emociones. Las preguntas de autorreflexión llegaron en una secuencia veloz. ¿Inconscientemente me había mostrado como si no fuera lo suficientemente buena? De ser así, ¿esta creencia había afectado o ralentizado inadvertidamente mi progreso profesional o mi marca personal?, ¿qué oportunidades me he perdido en el camino por ello?, ¿he sido demasiado pasiva o complaciente porque de manera inconsciente no creo ser lo suficientemente buena? Me sentía ansiosa, enojada, pero también curiosa. Sabía que, por incómodo que fuera, necesitaba profundizar y encontrar las respuestas.

Mis Primeros Días

Aprendí muy temprano en la vida cómo volverme prácticamente invisible para quienes no se parecían a mí. De pie en el ascensor de un complejo de apartamentos por el que mis padres trabajaron duro para que pudiéramos mudarnos, las órdenes de mi madre resonaban con fuerza en mis oídos de niña: «Quédate quieta. Quédate en silencio. Nada de hablar, reír o hacer tonterías. Nada de contacto visual con nadie». Mi hermana y yo hacíamos exactamente lo que se nos decía siempre que entrábamos al vestíbulo de nuestro edificio. En el ascensor, casi me sentía contener la respiración mientras veía subir los números de los pisos. Cuando finalmente llegábamos al piso 23, apenas podía esperar para entrar a nuestro apartamento, donde el mundo exterior ya no importaba y éramos libres de ser nuestros auténticos *Nuyoricans*.

Era mediados de los 70s, mis padres de alguna manera lograron conseguir un apartamento en el norte del Bronx en un complejo enorme con muy pocas familias de minorías en ese momento. Mis padres se sentían increíblemente afortunados de criar a sus hijas en un vecindario tan bueno y seguro, pero tampoco se hacían ilusiones sobre el mundo real. Las reglas del vestíbulo de mi madre no se daban por maldad ni por mala intención. Estaban destinadas a proteger nuestra inocencia de los posibles prejuicios, de personas que asumíamos que no aceptarían a las minorías, y también a enseñarnos a no alimentar los prejuicios y percepciones de otros sobre los niños provenientes de minorías.

Mis padres crecieron en un pequeño pueblo de Puerto Rico llamado Juncos, pero no se conocieron hasta que fueron adultos jóvenes viviendo en la ciudad de Nueva York e intentando buscar una vida mejor. Ambos eran brillantes, pero tenían recursos limitados. Mi papá fue reclutado desde Puerto Rico a los 17 años para recoger tomates en una granja en Nueva Jersey. Mi madre se fue de Puerto Rico justo después de la secundaria debido a la falta de oportunidades en ese momento y comenzó su carrera laboral como costurera en una fábrica. Mi padre luego se enlistó para servir en el ejército. Yo nací en Manhattan y vivimos en la ciudad hasta que terminé el primer grado, que fue cuando ellos decidieron volver a Puerto Rico.

Mi marcado sentido de la justicia comenzó a nacer en aquellos primeros años en Puerto Rico y continuó desarrollándose a lo largo de mi vida. No sabía ni una palabra de español cuando nos mudamos a Puerto Rico, porque nos criamos hablando inglés cuando vivíamos en Nueva York. Se suponía que debía estar en segundo grado, pero como no sabía español, retrasaron mi progreso; colocándome la mitad del día en la clase de primer grado y el resto en la de segundo grado. Desde esa edad tan temprana me encontré en un entorno donde no me sentía inteligente. Un día, la maestra me pidió en español que buscara una página en el libro de matemáticas. No entendí sus instrucciones, entonces me pegó en la mano con una regla. Todo era muy confuso para mí... Al tiempo, la escuela mejoró y aprendí español. Sin embargo, estando en sexto grado, mis padres decidieron de repente que nos mudaríamos otra vez a Nueva York y, por supuesto, para ese entonces ya había olvidado todo mi inglés.

Al regresar, me tocó estudiar en una escuela secundaria del Bronx; un cambio drástico que me resultó tan diferente como desafiante. Era una niña flaca con cabello largo, delgado y ondulado, y portaba lentes grandes. Como la mayoría de las niñas de esa edad, luchaba con mi confianza en mí misma. En ciertos días pensaba que era la niña más linda del mundo y en otros me costaba encontrar siquiera una buena cualidad en la chica del espejo. Como no sabía nada de inglés al regreso a Nueva York, me colocaron en una clase de educación especial en lugar de una clase de inglés como segundo idioma (ESL). Estaba en un salón con niños que tenían problemas de comportamiento y a diario me sentía intimidada. No podía entender lo que todos decían, así que solo me sentaba y copiaba lo que hacían los demás estudiantes. Veía a los niños dibujar en el escritorio, así que yo también lo hacía. Pero era a mí a quien mandaban a la oficina del director. Su secretaria (una mujer blanca que entendía un poco de español) hablaba conmigo mientras esperaba al director, y fue la única que entendió que yo estaba en la clase equivocada. Así que comunicó a los administradores que yo no pertenecía a educación especial y me pasaron a una clase regular.

Sin embargo, las cosas siguieron siendo difíciles. Un día, reuní el valor para levantar la mano e intentar de decir algo. La maestra le dijo a la clase: «¿Alguien puede explicarle a Nellie cómo hablamos en este país?». Fue tan humillante en ese momento, y ahora me enfurece. Dijo «este país» como si Puerto Rico no fuera un Estado libre asociado de los Estados Unidos, como si yo no fuera ciudadana estadounidense. De haber tenido un inglés fluido, probablemente le habría dado a esa maestra una lección muy necesaria acerca de los territorios estadounidenses.

También empecé a percibir los prejuicios y la discriminación fuera de la escuela. En ese momento, mi padre trabajaba en el Servicio Postal de los Estados Unidos. Era algo muy importante para él. Conseguir un trabajo gubernamental con pensión era un paso importante hacia la seguridad financiera. No había muchas minorías trabajando en el servicio postal a fines de los 60s y principios de los 70s. Había mucha tensión racial y mi padre experimentó el racismo de primera mano. Que lo llamaran con insultos como «*spic*» era bastante común. Pero mi padre aprendió a tolerar la ignorancia porque consideraba que proveer a su familia era su gran objetivo. Aprendió a pasar desapercibido, no llamar la atención y simplemente hacer su trabajo. Constantemente me pregunto cuánto tuvo que soportar y qué luchas internas enfrentó en el trayecto. Mi papá era más grande que la vida misma frente a mis ojos. Un ávido lector y la persona más inteligente que había conocido.

Mi mamá también tenía sus propias fortalezas. Sus habilidades de costurera eran incomparables. Diseñaba patrones y cosía ropa hermosa para mi hermana y para mí. Tenía un potencial infinito, pero su realidad se limitaba a las fábricas de confección de la ciudad de Nueva York, donde las condiciones de trabajo estaban lejos de ser algo que se desee. Una vez, mientras estaba en la universidad, traté de sorprenderla en el trabajo. Nunca había ido allí antes, pero estaría cerca del área, así que decidí ir a verla. Era una fábrica en la calle 14 de la ciudad y, cuando se abrieron las puertas al piso donde estaba mi madre, me entristeció la cantidad de personas apretadas trabajando casi sin espacio. Había ventiladores enormes que levantaban el polvo de las telas y materiales por el aire. Vi a mi mamá y le dije al hombre en la puerta que quería verla. De manera muy intimidante me exigió saber el porqué. Me desconcertó tanto su agresividad que simplemente me fui.

En casa, el cariño siempre estaba a tope y mis padres crearon un ambiente lleno de amor. Siempre me sentí segura y protegida en nuestro hogar. Mi madre trabajaba durante el día y mi padre trabajaba de noche. Así que siempre había un padre en la casa cuidándonos. Nos criaron con disciplina, religión, comida casera, tareas, juegos y conciencia acerca de la cultura. La música latina sonaba todos los domingos por la tarde y nos acompañaba hasta el anochecer. Aprendí a bailar salsa parada sobre los pies de mi papá mientras él bailaba por la sala, girándome al ritmo de esos sonidos capaces de capturar el alma. Esos días me enseñaron a amar la salsa y la he bailado toda mi vida. Se ha convertido en un «lugar feliz» al que recurro cuando necesito sentirme equilibrada y con los pies en la tierra.

Reconociendo Límites Para Alcanzar Todo Mi Potencial

Aunque recuerdo con cariño mi infancia, también reconozco el aislamiento de mi crianza. Eso es una desventaja en la niñez, no tener experiencias fuera del vecindario. Por un tiempo, todo mi mundo abarcaba apenas unas pocas cuadras alrededor. Ese tipo de fronteras pueden impedir que un niño alcance su máximo potencial. Es una lástima que ni siquiera reconoces que te estás perdiendo. Al menos, mi hermana y yo no lo sabíamos. ¿Cómo podrías saber que hay un mundo lleno de increíbles oportunidades cuando nunca has estado cerca de las posibilidades más amplias?

Como adolescente viviendo en el Bronx, creé una narrativa para mí misma que dejaba de lado las cosas que nunca tuve la esperanza de alcanzar. Mantenía una lista mental de pertenencias y experiencias que no estaban destinadas para personas como yo. No crecimos con mucho dinero disponible. No podíamos darnos el lujo de un carro

Dos preguntas autoimpuestas me rescataron de permanecer cautiva en el ciclo de «creencias limitantes»: «¿Por qué no yo? ¿Por qué no es para mí?».

nuevo, así que mi papá tenía un auto viejo que atesoraba. Tenía un agujero enorme en el piso del lado del conductor, que mi papá cubría con varios pedazos de cartón. Sin embargo, nunca nos sentimos tristes o preocupadas ni siquiera avergonzadas por eso. En cambio, nos reíamos y le decíamos: «nuestro auto de los Picapiedra». Mi papá le tenía tanto cariño a ese carro viejo que lo protegía de los ladrones enganchando una cadena gruesa desde el volante hasta los frenos y colocando un candado enorme. «Hay que asegurarse de que el auto siga aquí mañana», decía. Y mi hermana y yo nos reíamos al pensar que alguien realmente quisiera robar ese auto, pero mi padre lo protegía como si fuera el más caro y lujoso del mundo. Aprendí a conducirlo y, mirando atrás, aprecio cómo mi padre cuidaba tanto las cosas que podía permitirse.

Como no crecí teniendo lo que consideraba lujos, ser dueña de una casa con una hermosa cerca blanca me parecía demasiado inalcanzable. Poder usar aretes de diamantes o perlas elegantes estaba fuera de mi imaginación. No me permitía soñar más allá de mi entorno, y a veces me pregunto si deseaba protegerme de las posibles decepciones de soñar en grande. Dos preguntas autoimpuestas me rescataron de permanecer cautiva en el ciclo de «creencias limitadas»: ¿Por qué no yo? ¿Por qué no es para mí? Quería respuestas que me llevaran a más, que me ayudaran a romper las limitaciones y me impulsaran a encontrar posibilidades a través de una lente más amplia y desconocida.

Aunque mi lista autoimpuesta de cosas inalcanzables era extensa, había un deseo interno apremiante de más. Sabía que el sentido interno de inquietud que experimentaba constantemente era algo que no tenía la capacidad ni la energía de ignorar. Sentía que era diferente, y las expectativas que mi familia y amigos tenían para mí eran altas y grandiosas. Quería con desesperación hacer sentir orgullosos a mis padres. Quería proveerlos. Comencé a rechazar con enojo la idea de conformarme con lo que dictaba mi entorno. No estaba dispuesta a aceptar las imágenes que mostraba la televisión: las latinas como empleadas domésticas o víctimas de crímenes... quería creer que merecía más. Pero tampoco me identificaba con las imágenes que mostraban a mujeres blancas y atractivas como profesionales o amas de casa bien arregladas. Todo era bastante conflictivo. Las noticias estaban llenas de historias preocupantes sobre comunidades minoritarias, pero yo estaba decidida a lograr algo diferente.

Mis padres tenían expectativas esperanzadoras del sistema educativo, pero se las tomaban con cautela. Querían creer que educaría y guiaría a sus hijas de manera justa, pero también entendían la realidad para las niñas latinas en una escuela pública con un alto porcentaje de estudiantes minoritarios enseñados por maestros caucásicos en su mayoría. Habían experimentado las duras realidades del racismo de primera mano, y mi papá se negó a permitir que fuéramos ingenuas al respecto. De una manera muy suave, pero calculada, plantó una semilla sobre el racismo que creyó que experimentaríamos. Sus palabras atraparon mi atención: «A los maestros no les interesa demasiado tu aprendizaje ni están comprometidos con ello; eres una minoría», decía mi papá en su tradicional tono de sermón lento, mientras miraba por encima de sus lentes. «Por eso, tienes que esforzarte más. Enseñar a niños como tú no es su prioridad». El mensaje no estaba lleno de enojo, sino simplemente expuesto como una forma efectiva de enseñarnos que se nos había confiado una mayor responsabilidad y carga por el simple hecho de quienes éramos o lo que representábamos.

Cada vez que lo escuchaba decirlo, me preguntaba: «¿Realmente puede que eso sea cierto?», quería rechazar una realidad tan horrible. Mi mente adolescente quería creer que los demás, y en particular mis maestros, tenían interés en mi bienestar. Pero la inquietud que mis padres sentían sobre la educación que mi hermana y yo recibiríamos resultó ser una realidad. Los educadores a quienes confiaron nuestras mentes jóvenes hicieron lo mínimo cuando se trataba de moldear nuestro futuro. No tenía idea sobre cómo diferenciar entre universidades de la *Ivy League*, privadas, estatales o de la ciudad. No entendía la importancia de los SAT. Mi único recuerdo previo al SAT es el de los recordatorios diarios de mi maestro de salón; eso de estar presente con dos lápices NO. 2 bien afilados si queríamos ser admitidos para el examen. No hubo discusiones acerca de mis intereses o sobre las carreras. De hecho, la única reunión que tuve con mi consejero de último año sobre mis intereses resultó ser más dañina que útil.

Entré a su oficina y me senté en la dura silla de madera frente a él. Recuerdo mirar su escritorio, intrigada por tantos objetos diferentes; desde papeles y carpetas de colores hasta el pisapapeles de vidrio, todo el entorno me gritaba inteligencia y éxito. Tenía grandes expectativas sobre nuestra conversación. ¿Qué me recomendaría seguir? Enseñar había estado mucho en mi mente. Durante mi noveno grado, mi padre llegó a casa con una máquina de escribir manual que encontró en un basurero. La limpió, ajustó la cinta y me la entregó. «Nellie, quiero que aprendas a escribir a máquina», dijo. «Te ayudará a encontrar un buen trabajo algún día». Puse una manta en el suelo, coloqué esa bella y negra máquina de escribir encima y comencé a teclear. Más tarde tomé una clase de mecanografía que me encantó, y aún recuerdo con claridad el sonido sincronizado de las teclas mientras la maestra caminaba por el salón dictando letras para practicar. La forma en que ella lideraba ese salón realmente me inspiró a querer ser maestra.

Sentada en la oficina de mi consejero, ansiosa por orientación, esperaba escuchar el camino hacia mi futura carrera docente u otra opción interesante. Tenía mi cuaderno abierto y estaba lista para tomar notas. Le di una mirada inquisitiva y una sonrisa tímida de anticipación mientras comenzaba a hablar. «Nellie, después de graduarte, te recomiendo que solicites un trabajo de cajera en una tienda departamental». Casi me quedé sin aliento y me sentí desilusionada. Quería ser maestra y mi consejero acababa de aplastar mi visión. Todavía me entristece esa memoria. Recuerdo vívidamente salir de la oficina sintiéndome completamente devaluada y confundida. Me preguntaba si aconsejaba a los estudiantes que no se parecían a mí que fueran a trabajar a una tienda en lugar de solicitar ingreso a la universidad. ¿También destruyó sus sueños y esperanzas en una sola frase? Probablemente no. ¿Por qué no me veía como alguien que pudiera merecer más?, ¿qué derecho tenía para subestimar mi vida y mis habilidades?

Afortunadamente, alguien más decidió cumplir con el papel que él tenía ese día. De camino a casa, me encontré con una conocida llamada Linda, que era unos años mayor que yo. Mencionó que recientemente se había graduado de LaGuardia Community College con un título de Asociada en Secretaría Legal y que le encantaba su nuevo trabajo. Se veía tan feliz y realizada, que supe que era exactamente lo que yo quería para mi vida. Esa conversación encendió algo en mí y me dio un plan: solicitaría ingresar a LaGuardia Community College. Mi determinación floreció a medida que reconocía cada vez más mi potencial. Empecé a resistir las limitaciones sociales que, habladas o no, habían sido claramente definidas para mí. Mis padres me rodearon de amor y un fuerte sentido de autoestima. Aunque de niña no pude identificarlo, esas raíces profundas de amor estaban combatiendo directamente la negatividad que experimentaba fuera de casa.

Asistir a LaGuardia resultó una de las mejores decisiones de mi vida. Mi tiempo allí me dio muchas nuevas oportunidades. Pude aprovechar su programa cooperativo, que permitía a los estudiantes asistir a la escuela mientras trabajaban. Terminé consiguiendo un trabajo en la Oficina de Servicios de Carrera de la Escuela de Posgrado de NYU. Y como resultado, pude pagar mi propia matrícula después de solo dos trimestres. Mis padres con gusto habrían pagado mi matrícula, pero me alegraba tanto aliviarles esa responsabilidad. Me levantaba a las 5:00 a. m. para tomar un autobús y un tren hacia el trabajo. Luego salía a las 5:00 p. m. y tomaba dos trenes para estudiar por la noche. Tomaba clases hasta las 10:00 p. m. antes de abordar dos trenes y un autobús a casa. Llegaba alrededor de las 11:30 p. m. y encontraba a mi madre cada noche esperándome para servirme la cena. Luego me levantaba a la mañana siguiente para hacerlo todo de nuevo.

Trabajar e ir a la escuela requería de un horario riguroso, pero que a la vez resultaba completamente valioso. El Decano de la Oficina de Servicios de Carrera de la Escuela de Posgrado de NYU vio tanto potencial en mí que decidió ofrecerme un trabajo de tiempo completo como su asistente, donde mi salario anual era de $12,500, que en ese momento me parecía mucho dinero. También me animó a solicitar ingreso a NYU al graduarme de LaGuardia, lo cual logré con éxito. Asistí a la universidad de NYU durante un año y medio. Luego, debido a que inicié con un nuevo trabajo, tuve que terminar mis estudios universitarios en la más económica Lehman College, donde a veces llevaba a mi hija pequeña a clase junto a mí. No asistí a ninguna de mis dos ceremonias de graduación universitaria. Para la de LaGuardia, sentí que un título de asociado no valía el esfuerzo de una celebración. Para Lehman College, sentí que mi diploma no era del nivel de NYU, así que, en mi mente, tampoco valía la pena celebrarlo. Ahora, desearía haber visto ambos logros de una manera distinta.

Esas decisiones crearon un patrón permanente de no celebrar logros e hitos a lo largo de mi vida.

Respondiendo La Pregunta Incómoda

A menudo me pregunto: «¿A esta persona realmente le interesa mi éxito?». Esa duda ha tenido influencia en cada relación profesional a lo largo de mi camino. Me ha hecho cuestionar la autenticidad de las personas respecto a mi vida profesional y ha impactado en el proceso de construir confianza con ellas. Aunque mis padres sin duda siempre hablaron pensando en lo mejor para mí, ese mensaje de la infancia creó un muro a derribar para llegar a un lugar de comodidad en una relación.

Desafortunadamente, muchos jóvenes aún enfrentan la falta de apoyo para buscar orientación sobre su futuro. Estas semillas que permitimos que otros planten en nuestras historias pueden ganar un poder significativo dentro de nosotros. Sus efectos se infiltran constantemente en nuestras vidas, impactando en nuestras decisiones. Mi camino eventual en la vida me llevaría a través de un viaje increíble, comandado por el coraje y el propósito, pero también me hizo enfrentar algunas verdades incómodas sobre mí, sobre mis inseguridades y esas semillas que me moldearon hace tantos años.

A veces, las preguntas muy directas, contundentes y desgarradoras que nos incomodan son exactamente lo que necesitamos que nos sacuda. Todos necesitamos a personas en nuestro camino, capaces de confrontarnos, y animarnos a salir de nuestra zona de confort, y con la habilidad de crear espacios seguros para conversaciones reflexivas, que pueden sentirse difíciles, pero resultan liberadoras. Tuve la suerte de tener a Carolina en mi camino en ese momento crucial y, en retrospectiva, aprecio la autorreflexión a la que me llevó su pregunta. Por años, había evitado tener esa conversación sincera conmigo misma, aunque era algo que necesitaba hacer. Y finalmente decidí abrazar con entusiasmo la expansión de mi rol, pero no antes de mirar seriamente el origen de mis dudas. Me di cuenta de que me estaba convenciendo de rechazar una oportunidad porque me parecía demasiado arriesgada y desconocida.

Tuve la oportunidad de abrir un nuevo camino para mí, pero las incertidumbres me ponían en desventaja porque no tenía claro qué prejuicios encontraría en otras culturas. Estaba acostumbrada a enfrentar prejuicios aquí, en los Estados Unidos, pero no estaba segura de cómo se manifestarían en lugares como Francia, Reino Unido, Sudáfrica y muchos otros países del mundo, o si iba a tener el valor de enfrentar esos prejuicios. Había otra conversación interna ocurriendo mientras tanto; una que las personas de color probablemente reconocerán. Estaba reconociendo la importancia de ser una de las pocas ejecutivas dentro de la organización que representaba a mi demografía, y reconocía el impacto que mi éxito o fracaso tendría en la trayectoria de otros como yo. Esta conversación interna estaba ligada a ese fenómeno que, aunque no se mencione demasiado, es entendido dentro del entorno corporativo, donde las acciones de una persona perteneciente a ungrupo subrepresentado acaban incidiendo en todos dentro de ese grupo. Esa inmensa presión alimenta las dudas y la vacilación que finalmente superan lo que —de otro modo— sería tu yo aspiracional, confiado y optimista.

Pero a pesar de mis temores, enfrenté las incertidumbres de la misma forma en que lo había hecho a lo largo de toda mi carrera. Eché mano de lo mejor de mi cultura: nuestra capacidad para entender el poder de las conexiones y la importancia de las relaciones en nuestra vida profesional y personal. En mi crianza cultural, se esperaba que saliéramos a saludar a cualquier visitante que llegara a casa. No importaba lo que estuviéramos haciendo, era obligatorio detenernos para decir hola y entablar una conversación. Siempre me pareció molesto e incómodo, pero me enseñó mucho acerca de cómo interactuar con las personas, estuviera cómoda o no. Y esto lo he visto también en otros miembros de comunidades minoritarias. Cuando la gente entra en nuestros espacios, los saludamos como si los conociéramos de toda la vida. Inmediatamente proyectamos una calidez acogedora. Al asumir la oportunidad global ampliada, me enfoqué inicialmente en hacer conexiones con una o dos personas y fortalecer mis relaciones con ellas. Una vez que se establecía esa confianza y relación, esas mismas personas se convertían en quienes me ayudaban a expandir esa red. Me enseñaron muy temprano a apreciar el poder de las conexiones y ese superpoder me ayudó a navegar esos nuevos desafíos.

Así que, para responder la pregunta que abrió este libro: «¿quién en mi pasado me hizo creer que no soy lo suficientemente buena?». Bueno, nunca he sentido que no soy lo suficientemente buena, pero las experiencias colectivas definitivamente han impactado en la forma en que navego mi camino. He enfrentado las creencias limitadas que pueden detener abruptamente a los profesionales de color y las he desafiado directamente.

CAPÍTULO

1

Las Complejidades De Encontrar Pertenencia

Mantente humilde y no presumas.

Deja que tu arduo trabajo hable por sí mismo.

Sé agradecida y paciente.

Comparte tu éxito siendo generoso con los demás.

Respeta a los mayores y líderes; no los desafíes.

Estas lecciones me fueron inculcadas desde pequeña tanto por mis padres como por mi cultura, y las he seguido con obediencia. En la superficie, todo suena muy sabio. Pero estas mentalidades pueden convertirse en obstáculos cuando te enfrentas a la dificultad de navegar por un entorno corporativo que a menudo entra en conflicto con las normas culturales que te han transmitido desde la infancia. Muchas personas de color experimentan este tipo de choque. Luchamos con la contradicción de mantenernos humildes mientras buscamos reconocimiento y ascensos. Nos esforzamos por suprimir nuestra incomodidad al desafiar a líderes, colegas o compañeros, mientras nos recordamos la necesidad de estar agradecidos por la oportunidad que tenemos actualmente. Nos sumergimos en nuestro trabajo y agotamos nuestra energía por la necesidad de probarnos a nosotros mismos más allá del 100 %, dejándonos tan agotados que no podemos involucrarnos en otros aspectos importantes (de los cuales puede que ni siquiera estemos conscientes) para alcanzar nuestras metas profesionales. En cambio, nos resignamos a esperar o a creer que nuestras contribuciones están siendo valoradas.

Sin embargo, quienes no están familiarizados con nuestras culturas, con frecuencia malinterpretan nuestro enfoque para navegar el entorno corporativo. Por ejemplo, pueden percibir como desinterés el hecho que no hablemos en una reunión, o como falta de compromiso, no aporte de valor y no contribución. Esto puede llevar a la falta de defensa, apoyo y patrocinio, lo que en última instancia puede afectar la trayectoria de nuestras carreras. Me di cuenta dolorosamente de estos desafíos desde el principio, cuando mis creencias culturales chocaron con las realidades del entorno corporativo acelerado en el que estaba completamente inmersa.

Un par de realidades me llamaron la atención: una fue la conexión entre la colaboración y el éxito. Prosperé en un entorno colaborativo, así que eso me emocionaba. Pero también me di cuenta de que debía haber un espacio acogedor dentro de ese entorno para que yo pudiera participar con confianza y ser recibida para colaborar. Luego, estaba la segunda realidad, que no era tan emocionante: la naturaleza competitiva no hablada de la cultura corporativa. Mi grupo de compañeros en el trabajo consistía en personas muy motivadas y seguras de sí mismas que operaban con visiones claramente definidas para ascender en la escalera corporativa. Sentía que ya estaba en desventaja porque estaba luchando contra creencias que afectaban mi confianza. Tuve que enseñarme cómo empezar a dejar de lado o adaptar esas creencias que claramente estaban en conflicto con posicionarme profesionalmente. Vi a muchos otros, que no se parecían a mí, aprovechar oportunidades y ascensos sin esfuerzo. ¿Por qué yo no experimentaba ese mismo nivel de facilidad o confianza? Yo también quería avanzar con soltura.

Choques Culturales

¿Por qué está ella aquí?, ¿realmente pertenece aquí? Estas son preguntas que probablemente nunca desearías que alguien hiciera sobre ti, pero ciertamente las hicieron sobre mí. Me uní a

Accenture en 1986, y a lo largo de los años, he escuchado a muchos de mis colegas decir: «Si tuviera que entrevistarme hoy para un puesto en Accenture, probablemente no pasaría». Es un cumplido para todo el increíble talento que llega hoy a la organización. Siempre me parece gracioso ese comentario porque tengo certeza que yo hoy no pasaría una entrevista de la manera en que me hice la mía hace tantos años.

Gracias a la defensa de una mujer increíble, Marie Mann, fue que comencé mi camino en Accenture. Marie había visto mi ética de trabajo, inculcada por mis padres, en la Oficina de Servicios de Carrera de la Escuela de Posgrado de NYU durante mi *co-op*. Después de mi primer ascenso, obtuve otro para ser Coordinadora de Reclutamiento. Así que, para Marie no había duda de que yo podía desempeñar con éxito el rol de Coordinadora de Reclutamiento en un entorno corporativo donde ella era ejecutiva. Su fe en mí me enseñó el poder del apoyo incondicional y el impacto que todos podemos tener.

Arruiné totalmente mi entrevista con el socio que contrataba. Era un hombre blanco, alto y vestido muy elegante. Me indicó que me sentara en el área de su impresionante oficina de esquina con grandes ventanas que dejaban entrar la hermosa luz del sol. Se sentía bien estar en un espacio tan impresionante. Mi papá solía contarme acerca de cómo miraba por la ventana de su trabajo y cómo se veían las luces de los edificios de oficinas de Wall Street apagándose por la noche. Me hablaba de sus esperanzas de que algún día sus hijas pudieran trabajar en uno de esos edificios. Ahora, yo estaba de pie en una oficina que probablemente era más impresionante de lo que mi padre jamás habría imaginado.

Cuando el socio me preguntó qué sabía sobre la firma —una pregunta estándar de entrevista— mi respuesta fue: «Es una de las ocho grandes firmas de contabilidad» (en ese momento, Accenture era conocida como Arthur Andersen). Él siguió preguntando si quería compartir algo más al respecto. «Nada», respondí con una sonrisa que decía «eso es todo lo que sé», pero detrás de esa sonrisa, había mucho caos.

Había tantas cosas pasando en mi vida personal: estaba en un matrimonio disfuncional, tenía una hija de un año y acababa de ser despedida debido a una fusión bancaria. . . no tenía cabeza para pensar en lo que esta entrevista podría significar para mí profesionalmente. Me presenté sin preparación y sin idea de cómo eso podría afectar negativamente mi posibilidad de conseguir el trabajo. Fue una entrevista «poco impresionante», cuando menos. Al salir, el socio me entregó un folleto de la empresa y me dijo que lo leyera para cuando volviéramos a hablar. Lo tomé, y de manera muy despreocupada, respondí: «Claro. No hay problema», como si estuviera hablando con un amigo.

Años después, Marie me confesó que el socio tenía serias reservas acerca de contratarme, pero ella creía en mí e insistió en que me diera la oportunidad. Después de todo, yo no era la candidata de perfil tradicional y tenía varios puntos en contra: todavía estaba terminando mi licenciatura y asistía a la universidad por las noches; en los fines de semana iba a una universidad de la ciudad, que definitivamente no era una de las escuelas objetivo de la firma, y además era latina. . . sin mencionar ¡esa entrevista tan mediocre! Pero incluso con todos esos puntos en contra, lo que sí tenía era una defensora que admiraba mi ética de trabajo, reconocía mi valor y hablaba por mí. Ella me ofreció una oportunidad que me dio la posibilidad de aprovecharla. Ese es el poder del apoyo genuino. Imagina lo que significaría hacer algo así por las personas dentro de tu propio círculo de influencia.

Todo lo que he logrado en Accenture comenzó con ese momento. Mirando hacia atrás, reconozco que la defensa de Marie impulsó una carrera que finalmente impactó a miles de personas en todo el mundo. No encajaba en el perfil preferido en ese entonces porque mis credenciales no coincidían con sus criterios. Sin embargo, logré hacer contribuciones significativas para tantas personas en múltiples segmentos de diversidad. La organización me dio la oportunidad, y yo la aproveché.

Las organizaciones deben desafiarse a sí mismas para evolucionar sus estrategias de reclutamiento e ir más allá de sus fuentes tradicionales de contratación para llegar a talento adicional hábil, pero aún no descubierto. Al dar la bienvenida a ese talento, deben remodelar la cultura para crear un entorno donde quienes siguieron un camino educativo diferente no se sientan inadecuados, intensificando así su síndrome del impostor. Esto incluye a candidatos que obtuvieron certificaciones técnicas u otros caminos de desarrollo de habilidades en lugar de asistir a las instituciones universitarias preferidas de cuatro años. Las organizaciones deben entonces elegir retener el talento, brindando oportunidades para abrazar, desarrollar y promover.

Pertenencia

Mi entrada elegante a la organización ciertamente avivó las preguntas sobre si pertenecía allí. Llevaba un traje de satén color mandarina brillante con seis enormes botones dorados, combinado con unos aretes de aro dorados tan grandes que me golpeaban las mejillas cuando movía la cabeza de lado a lado. Completé el *look* con un lápiz labial rojo-naranja y un par de zapatos de charol negro, amarillo y naranja de tacón de aguja.

¡Claramente sabía cómo coordinar! Entré al Departamento de Recursos Humanos ese primer día, llegando con estilo y sintiéndome fabulosa. Todos estaban ya instalados cuando llegué, y de inmediato capté la atención. Obviamente pensaba que me veía increíble, hasta que el socio que me contrató dijo: «Nellie, te ves como las cortinas de mi sala». Sin perder el ritmo, respondí con mi ingenio veloz y con el sabor del Bronx: «Bueno, entonces esas deben ser unas cortinas fabulosas». Pero tan pronto como terminé mi comentario, noté que era el único toque de color en una sala sombría de paredes grises y trajes azul marino. Fue entonces que me di cuenta de que acababa de entrar a un mundo corporativo conservador, desconocido para mí, un mundo en el que era diferente y tendría que descubrir cómo pertenecer.

Mi introducción al entorno corporativo vino con muchas «primeras experiencias» reveladoras. Aunque antes había trabajado en un banco, era un puesto administrativo *junior* donde estaba rodeada de muchos colegas que también eran personas de color. La mayoría del nivel ejecutivo se componía por personas blancas, y nunca se me ocurrió cuestionar por qué había tan pocas personas de color en esos roles. Pero pronto resultó abrumador ser la única latina visible en mi nuevo entorno. Me sentía una extraña en muchos niveles. Era mi peinado, mi ropa y la forma en que hablaba. Colegas y líderes constantemente me interrumpían y se tomaban la libertad de repetir lo que yo había dicho, asumiendo que otros no podían entenderme. Era una avalancha de «Lo que ella está intentando decir es. . .» o «Lo que quiere decir es. . .», me di cuenta de que mi acento era un indicador para que otros juzgaran mi nivel de inteligencia, o la falta de ella. Estaba lidiando con un ambiente donde constantemente me recordaban todas mis diferencias. Al principio, alguien me dijo: «Sabes que eres la primera latina contratada aquí». Hasta el día de hoy, no sé si eso era cierto, pero sí sé que esa afirmación me impulsó a demostrar lo increíblemente talentosas que somos las mujeres latinas.

Cuando nosotros, como personas de color, nos encontramos en estas situaciones, debemos entrar con la mentalidad de saber cómo vamos a responder. Debemos recurrir a la determinación y resiliencia que sabemos que tenemos. Debemos recordarnos el valor que sabemos que podemos aportar. Y, más importante aún, hacer un trato con nosotros mismos de que no permitiremos que otros determinen el ritmo de nuestro éxito. Es la elección de controlar la narrativa que nos contamos. La otra opción es minimizarnos y privarnos de los éxitos que sabemos que podríamos lograr. Elige por ti y tu poder, incluso cuando fuerzas externas te desafíen a rendirte. No todo estará bajo nuestro control, pero sin duda la forma en que elegimos reaccionar sí lo está.

Prejuicio y Racismo En El Lugar De Trabajo

A lo largo de nuestros recorridos corporativos, algunos de nosotros podemos pasar por cosas dolorosas y preocupantes, pero algunas experiencias nos hieren tan profundamente, que no importa cuánto hayamos evolucionado, la herida permanece. Un día pasaba por el área de las secretarias cuando una de las asistentes me detuvo y me entregó una ficha del metro. Dijo: «Toma esto porque sabes que eres la contratación simbólica aquí», me sentí increíblemente incómoda, pero en lugar de actuar a partir de mis sentimientos, vi la ficha y luego la miré a ella. Elegí usar el humor en ese momento porque no iba a presentarme como la latina enojada del Bronx. «Bueno, contrataron a la ficha más brillante», dije, dando a entender que, si eso era lo que yo era, entonces consiguieron lo mejor de lo mejor. Luego, me reí y me fui. En ese momento usé el humor como una forma de proteger mi orgullo. No podía darle el gusto de saber que me había ofendido o disminuido. De hecho, recurrí mucho al humor en esos primeros meses. Ahora lo pienso y me pregunto si fue el enfoque correcto. Pero hasta ese momento, fue mi escudo protector y funcionó para mí. Y, por cierto, claro que usé esa ficha para mi viaje en tren a casa, cortesía de Miss Thang.

Otro incidente muy doloroso ocurrió durante una fiesta navideña donde el socio que me contrató se acercó a mí con un regalo envuelto de forma impecable. Tenía papel blanco y rojo brillante que parecía un caramelo reluciente, y me sorprendí mucho cuando me lo entregó. Solo llevaba tres meses en la organización y estaba extremadamente emocionada por mi primera fiesta corporativa de fin de año. Mis colegas habían hablado de lo divertidas que eran, así que la esperaba con ansias desde semanas atrás. Abrí el regalo muy emocionada y encontré una lata de insecticida para cucarachas. Luego dijo: «Sabemos que todos los puertorriqueños tienen cucarachas en sus casas». Estaba mortificada. Quería llorar desesperadamente, pero no podía permitir que eso sucediera frente a él y frente a todas esas caras riéndose. Me sentí mareada y todos se veían borrosos a través de las lágrimas que se acumulaban en mis ojos. Pero antes de que pudieran rodar por mi cara, me recompuse, me levanté y me fui. Nadie me siguió para preguntar si estaba bien. No creo que ninguno se diera cuenta de lo ofensivo que fue ese gesto. Estaba tan molesta que lloré todo el fin de semana. No le conté a nadie de mi familia ni a mis amigos lo que pasó porque me daba demasiada vergüenza. Sin embargo, tomé la difícil decisión de no dejarlo pasar.

Decidí abordar la situación con valentía, así que elegí cuidadosamente cada palabra que usaría; de pie frente al espejo, ensayé cada detalle de lo que diría, hasta los lugares donde sonreiría para suavizar la conversación y qué gestos haría con las manos. Quería asegurarme de mantener en control mis emociones.

Regresé al trabajo el lunes y fui directamente a la oficina del socio, lista para dar todo mi discurso. Fue una experiencia muy diferente a la de solo tres meses atrás cuando estuve en esa oficina para mi entrevista. Esta vez, estaba sentada directamente frente a su hermoso escritorio marrón oscuro, no en el área de estar de su oficina. Sentada frente a él, con el corazón latiendo muy rápido y la tensión acumulándose en mi mandíbula, olvidé todo lo que había ensayado. Así que simplemente solté el plan y hablé desde el corazón para explicar lo increíblemente dolorosas que fueron sus acciones para mí. Sorprendentemente, pude contener las lágrimas. Su expresión facial lo decía todo: pude ver vergüenza y remordimiento. Me miró intensamente a los ojos mientras hablaba y me sentí escuchada. Sentí que el socio estaba genuinamente arrepentido. Le dije que no creía pertenecer a la organización, a lo que respondió: «Nellie, si te vas, es posible que enfrentes estos mismos problemas en otros lugares. Si te quedas, te ayudaré a cambiar esta cultura».

Aunque lo que me hizo fue sumamente ofensivo, sentí la responsabilidad de educarlo en ese momento. Elegí la empatía porque sentí y creí de todo corazón que él no tenía idea de lo doloroso que fue ese incidente, probablemente porque era la primera persona en confrontarlo por su comportamiento. Empecé a entender que iba a enfrentar muchos de estos momentos en los que tendría que tomar el papel de educadora, y tenía que estar bien con eso. Decidí que no quería que otros experimentaran lo que yo había pasado durante esos tres meses. Sé que esto puede sonar preocupante o inaceptable en el entorno actual porque, como personas de color, la responsabilidad de educar no debería recaer únicamente en nosotros. Necesitamos que otros elijan transitar este camino con nosotros. Pero era 1986 y ese tipo de acciones ofensivas estaban entretejidas en la cultura corporativa. No había responsabilidad de ser más considerado o inclusivo. Los empleados de hoy tienen la capacidad de investigar las organizaciones a las que van a alinear sus talentos y habilidades de una manera más informada, incluso investigando cómo esa marca se alinea con la diversidad, inclusión e igualdad. Como personas de color, ahora tenemos más opciones para alinearnos con marcas que nos valoran, y debemos aprovechar eso.

Ese incidente incómodo fue un momento crucial en mi carrera y en las etapas iniciales de construir la marca de valentía que exhibo hoy. Al enfrentar estas realidades desagradables, he tenido que detenerme y preguntarme si las personas están siendo intencionalmente hirientes o ignorantes, porque hay una diferencia significativa: alguien que percibimos como intencionalmente hiriente puede haberse establecido ya como una persona que demuestra un comportamiento no inclusivo. Alguien que percibimos como hiriente por ignorancia puede sorprendernos porque su comportamiento se siente inesperado y fuera de lugar. Aunque hay una diferencia significativa, no siempre es claro porque cada uno experimenta el impacto a través de sus propias emociones y experiencias personales.

Habrá personas que respondan positivamente ante buscar educarles, mientras que otras elegirán resistirse a la lección y aferrarse a sus creencias nocivas. En numerosas ocasiones, he tenido que decidir si ser comprensiva con las personas en ese momento o reconocer que este es un comportamiento que debe abordarse de inmediato. El proceso de pensamiento debe ser rápido: ¿Debo abordar esto?, ¿es el momento adecuado?, ¿cómo impactará en mí o en mi carrera? Sin embargo, la pregunta más importante que me he hecho es: ¿Estaría bien que no aborde esto y dejar que este comportamiento afecte a otra persona por mi falta de acción? La respuesta para mí siempre ha sido muy clara: ¡No! Personalmente creo en el poder de sentarse y tener conversaciones valientes con las personas acerca de temas difíciles relacionados con las diferencias y la diversidad. Mi experiencia ha sido que, aunque algunas de estas pláticas pueden ser muy incómodas, también son necesarias para que las personas evolucionen. He descubierto que cuando lo he hecho con valentía y buena intención, el resultado siempre ha sido uno del que me siento orgullosa. ¿Cómo podemos esperar que las personas creen un ambiente de pertenencia para todos si no brindamos el espacio para que evolucionen, crezcan y aprendan sobre las identidades y culturas de los demás? Simplemente no podemos esperar lograr una pertenencia sin educación y conciencia.

La agitación interna de esa fiesta navideña nunca desapareció. Recuerdo la primera vez que compartí la historia en el escenario, sentí que mis labios temblaban y tuve que contener las lágrimas. Con los años se ha vuelto más fácil contarla, sin embargo, algunos puntos de dolor permanecen crudos de por vida.

El choque cultural de mi vestuario persistió todavía después de mi primer día de trabajo. Empecé a prestar atención a lo que otras mujeres en la oficina usaban. Casi todas llevaban trajes de falda azul marino y vestidos, o colores suaves y pálidos. Descubrí que algunas de las mujeres en mi departamento preferían la marca Laura Ashley, así que me propuse conseguir un vestido Laura Ashley. Encontré uno y me obligué a que me gustara.

Era rosa pálido (¡terrible!) con un cuello blanco bordado y dos botones blancos. Me lo puse y supe de inmediato que no era yo, pero lo llevé a la oficina porque estaba desesperada por encajar con el resto. Pasé todo el día increíblemente incómoda e incapaz de sentirme auténtica. Rápidamente descubrí el poder de mi estilo y cómo tratar de adoptar otro estilo afectaba de manera profunda y negativa a mi confianza. A mí, presentarme como alguien que no era realmente me afectó. No era alguien que usara vestidos rosa pálido; ese estilo no me representaba. No me sentí cómoda en mi propia piel ese día, y eso impactó en el desempeño de mi trabajo. Me sentí horrible, como si me hubiera traicionado a mí misma. Me pregunté cómo me pude permitir alimentar la narrativa de que necesitaba cambiar para encajar. Recuerdo que esa noche pensé: «Si no puedo ser realmente quien soy, entonces nadie podrá conocer mi mejor versión».

Ese día aprendí la importancia de ser auténtica, algo en lo que nunca había pensado hasta que intenté con todas mis fuerzas ser como otra persona. Decidí que, aunque podía hacer algunos ajustes en cómo me presentaba, no podía hacerlo a expensas de mi autenticidad total. Así que nunca volví a usar ese vestido rosa pálido de Laura Ashley. Lo que sí usé fue un abrigo de invierno rosa brillante y botas de nieve que combinaban. Una vez más, el socio que me contrató decidió dar su opinión. Me dijo que me veía como el Conejo de Pascua con ese abrigo. Pensé: «Esto es gracioso; primero, me veo como tus cortinas y ahora soy el Conejo de Pascua». A través de ese tipo de comentarios, me di cuenta de que tal vez tenía un punto. Tenía que encontrar un equilibrio entre adaptarme a la cultura de la empresa en ese momento y mantener mi propio estilo. Aunque no quería ser otra persona, mi vestuario empezó a oscurecerse. El naranja y el rosa fueron reemplazados por marrón, negro, azul marino y gris. Pero esos trajes neutros siempre iban adornados con joyería llamativa o zapatos coloridos. Me alegra que hayamos evolucionado como cultura corporativa hasta un momento en que las personas tienen la oportunidad de expresarse a través de sus estilos personales y únicos, y me gusta pensar que he sido parte de ese cambio.

Como latina, estoy muy familiarizada con el *codeswitching* que necesito hacer en múltiples entornos. Siempre he sido muy cuidadosa respecto a cómo impacta mi nivel de comodidad. A veces se siente como ¿demasiado compromiso, demasiado esfuerzo o requiere demasiada energía? Es difícil lograr colocar todos los filtros necesarios simplemente para experimentar algún sentido de pertenencia. Sin embargo, es más difícil no sentirte bien contigo misma cuando sientes que no estás siendo auténtica.

Momentos Definitorios

«Fuiste demasiado expresiva», «te mostraste demasiado plana y seca»: estos son dos ejemplos de retroalimentación completamente opuestos. Sin embargo, son tipos de retroalimentación comunes cuando las personas de color (se) presentan frente a equipos no diversos. O nuestro estilo expresivo y entusiasmo se percibe como exagerado, o reprimimos toda esa personalidad vibrante y terminamos siendo criticados por una presentación de baja energía. Este tipo de retroalimentación relacionada con el sesgo de estilo sigue siendo una realidad hoy. En una conversación reciente, un joven latino de una organización tecnológica me dijo: «Quiero cambiar la forma en que mi equipo presenta nuestros productos a nuestros clientes para que sean más atractivos y cercanos. . . Pasé días preparando la presentación, agregando formas innovadoras de presentar nuestras ofertas, aprovechando mi creatividad y mi conocimiento cultural. Realmente me estaba metiendo en la presentación; ¡estaba tan emocionado! Pero después, ningún líder comentó sobre el contenido de la presentación, en cambio todos se enfocaron en mi estilo y su obvio malestar con él». La retroalimentación que recibió lo dejó desinflado y preguntándose qué tanto pertenecía. Se preguntó cuán dañina sería esa presentación para su carrera y si había corrido demasiado riesgo al ser él mismo.

Este tipo de experiencias son momentos definitorios en el recorrido profesional de una persona. Puedes elegir seguir adelante y continuar impulsando el cambio con la intención de hacer evolucionar la marca y la cultura (como cuando me mantuve fiel a mí misma agregando estilo a mi vestuario), o eliges quedarte dentro del flujo existente, limitando tu impulso y poniendo todo de ti en tus entregables de manera robótica. Si eliges lo último, la organización no obtiene tu mejor versión, o finalmente te vas por frustración.

En una conversación que tuve con una ejecutiva bancaria, ella definió a las personas de color —incluyéndose a sí misma— como sensibles. Inmediatamente rectifiqué esa afirmación. Le dije que no es que seamos sensibles. Es que nuestras sensibilidades están agudizadas debido a nuestras experiencias vividas combatiendo prejuicios que no dejan de acumularse, dejándonos en una actitud de cautela y medida mientras navegamos por la cultura corporativa. Por supuesto que tendremos un enfoque deliberado al evaluar y reflexionar sobre las experiencias que tenemos con los demás. Y claro que sería prudente considerar qué prejuicios están influyendo en nosotros. Por supuesto que todo esto genera una predisposición a tener dudas. Y por supuesto, toda esta energía es agotadora y extenuante.

Al principio de mi carrera, me autoproclamé agente de cambio. Decidí que tendría una gran influencia en la evolución de la cultura de la empresa. Como tal, hablar y ser la voz del cambio se convirtió en una misión diaria para mí. Recuerdo una llamada de conferencia en particular donde me pregunté si había insistido demasiado en visibilizar mis pensamientos sobre la falta de diversidad. . . una vez más. Sentía el peso de tener que resaltar los mismos problemas una y otra vez, como una conversación de enjuague y repetición. Sentía que la gente me ignoraba y, en un momento fugaz, empecé a preguntarme si me debía contener. Me acerqué a mi líder y le dije: «Siento que soy la que siempre menciona la necesidad de aumentar nuestra diversidad. Hoy siento que la gente ya está cansada de escucharme».

Su respuesta se convirtió en un mensaje que repetiría una y otra vez en los momentos en que dudaba de mi papel e impacto. Dijo: «Nellie, el día que dejes de presentarte a estas reuniones insistiendo en un cambio cultural, es el día en que dejas de hacer lo correcto por nuestra organización y por lo que estás destinada a lograr». ¡WOW! Había tanto poder en esas palabras. El empoderamiento viene de adentro, pero parte de él también puede ser influenciado por quienes te rodean. El simple hecho de que estuviera dispuesta a ser vulnerable (lo cual no me resultaba fácil) y compartir mis sentimientos con él fue una señal de que estábamos pasando a una relación de mentoría. Él vio el poder en mí, yo experimenté su disposición a escuchar y reconocer la importancia de lo que estaba haciendo, y ambos crecimos a partir de ese momento.

Ese fue el día en que decidí que necesitábamos reunir a los pocos líderes ejecutivos afroamericanos e hispanoamericanos que teníamos en ese momento. Quería que estuviéramos juntos en una sala discutiendo de qué manera íbamos a aumentar nuestra representación. Me acerqué a cada uno individualmente, fijé la fecha, la agenda y me propuse inyectarle urgencia a mi objetivo y a sumar a otros que tuvieran un interés personal. Ahí fue cuando realmente sentí el poder y el impacto de estar con colegas que me comprendían de verdad.

Habla Por Ti Misma

Un par de años después de mi ingreso a la organización, me encontré conflictuada entre no pedir demasiado a mi líder y no dejar nada al azar o la suerte. Decidí descartar lo primero para enfocarme en lo segundo y poner en marcha un plan para obtener un ascenso. El día que llevé a cabo ese plan sentí una gran emoción. Pero mientras viajaba en autobús a casa de mis padres para cenar, también cargaba profundas preocupaciones, sabiendo que acababa de tomar una decisión audaz.

Al salir del ascensor, de inmediato me envolvió el aroma sabroso del sofrito; nadie podía superar a mi mamá cocinando pollo guisado. Tomé a mi hija y la senté en mi regazo, y le dije: «Adivina qué hizo mami hoy finalmente?». Ella respondió con picardía infantil: «Fuiste a trabajar y regresaste».

«Sí, fui a trabajar e hice algo grande», dije tratando de generar emoción alrededor de mi anuncio: «le pedí un ascenso a mi jefe ¡sí!». Mi hija pequeña no tenía idea de lo que significaba un ascenso, pero siguió mis señales de celebración y comenzó a aplaudir y reír alegremente. Mi mamá, al contrario, se volvió hacia mí con una mirada preocupada. «¡Ay, Dios mío, Nellie! ¿Por qué hiciste eso? ¿No me dijiste que crees que tu jefe sufre de úlceras? Seguro que hoy le empeoraste la úlcera a ese hombre».

«Ay Mami», respondí. «Si no me cuido y exijo ser reconocida, seguro que yo soy la que va a terminar con una úlcera. No puedo seguir viendo cómo ascienden a otros y a mí no. Una de mis compañeras, Kim, acaba de ser ascendida. La contrataron después que a mí y ahora está por encima de mí y sus padres anunciaron su ascenso en el periódico del pueblo. ¿Quién iba a imaginar que eso se hacía?».

Mi papá bajó lentamente el tenedor y comentó con calma: «Bueno Nellie, esperemos que esto no haya hecho que él sienta que ahora eres una carga para él».

Mis padres no podían imaginarme pedir un aumento. Sus salarios siempre se los dictaban. Yo estaba saliendo de su zona de confort familiar y esa desconexión se estaba manifestando ante mis ojos. La convicción, independencia y valentía que me inculcaron a lo largo de mi vida entraba en desacuerdo con la preocupación que mostraban ahora. Fue una conversación en medio de la cena que todavía sigue marcada en mi mente. Al reflexionar ahora, no tengo duda de que habría sido muy diferente para una persona cuyos padres ya sabían cómo navegar la cultura corporativa. Esa conversación probablemente habría ido enfocada en darme consejos para lograr eficazmente un ascenso y un aumento.

Una vez escuché a un líder de color decir: «Mis conversaciones durante la cena con mis padres nunca fueron sobre cómo tener éxito en el mundo de los negocios. Eran más sobre nuestras luchas enfrentando el racismo y lidiando con nuestra historia. Si bien todas las lecciones son vitales, su exclusividad puede limitar potencialmente nuestra capacidad de navegar de manera proactiva el entorno corporativo. No obtuve los conocimientos para darme una buena ventaja inicial». El acceso a la información es poderoso.

Kim, quien fue ascendida antes que yo, había hecho un gran trabajo relacionándose con los líderes de la empresa. Siempre irradiaba confianza y parecía encajar a la perfección, sin cargar con los prejuicios que enfrentamos las personas de color. La vi llegar y reclamar su espacio sin esfuerzo en un entorno que estaba claramente diseñado para que personas como ella tuvieran éxito. Estaba realmente enojada y, siendo honesta, también celosa, pero tuve que reevaluar rápidamente mi perspectiva. Tuve que admitir que Kim había estado haciendo el trabajo. Sí, encajaba en el molde, pero también era muy sociable y sabía cómo rodearse de líderes y construir relaciones valiosas dentro de la firma.

Al buscar ese primer ascenso, me guiaba únicamente la emoción y lo que percibía como falta de justicia. Empecé la conversación con «Ayúdame a entender por qué no me han ascendido». Era claro, no tenía idea de cómo debían abordarse este tipo de conversaciones.

Con los años, aprendí la manera más efectiva de posicionarme para crecer continuamente y para tomar oportunidades dentro de una organización. Debes hacerte algunas preguntas:

- ¿Estás en un rol que justifica un ascenso y ha sido designado para crecer?
- ¿Has demostrado cumplir con las habilidades, el valor y el impacto en el rol?
- ¿Hay alguien que te respalde o defienda?

Si la respuesta es **no** a cualquiera de estas, la velocidad con la que alcanzarás el siguiente nivel se verá afectada. Considera: 1) Evaluar si tu conjunto actual de habilidades está alineado con hacia dónde se dirige el crecimiento del negocio; 2) Preguntarte si te estás acercando a nuevos roles o te quedas en pausa en un rol que no permite crecimiento; 3) Hacer un inventario de tu red para saber si hay personas influyentes y patrocinadores en tu grupo a los que puedas recurrir.

Entendí que el liderazgo no me daría posición para ascender, sin embargo, tenía que hacerlo yo misma. Sabía que cuando lo hiciera, debía tener claro por qué merecía ese ascenso; haciéndoles saber exactamente cómo había entregado resultados y los motivos para merecer reconocimiento.

Cuando otros son ascendidos a tu alrededor, puedes elegir enojarte y sentir envidia, o puedes averiguar qué hizo esa persona para obtener el ascenso antes que tú e identificar qué necesitas hacer para tener una mejor posición en la próxima. Elegí no enojarme con Kim, y en vez de ello enfocar mi atención en qué cosas hacer en mi carrera para avanzar y cambiar la cultura. Si hubiera puesto toda mi energía en estar enojada con Kim, habría disminuido mi oportunidad personal de mejorar y ascender dentro de la organización. En cambio, elegí alinear mi enfoque y energía en cómo atraer y guiar talento diverso, educar a los líderes para aumentar su conciencia acerca de prejuicios y brechas, e insertar mi rol de DEI en las discusiones de desempeño y ascensos. También iba a tomar el control y posicionarme visiblemente.

Esperando Permiso

¿Pedí permiso?, ¿me dieron el permiso?, ¿quién me dio permiso? ¿En qué momento dejamos de hacernos estas tres preguntas en nuestra vida profesional? Al trabajar en el entorno corporativo, muchas personas de color se presentan esperando permiso para reclamar su espacio o esperando que les digan que tienen poder. Tenemos temor de negociar y abogar por lo que hemos ganado. Siento que la generación más joven hace un mejor trabajo abogando por sí misma en la actualidad, pero aún enfrentan algunos desafíos. Incluso en mi propia carrera, sé que perdí oportunidades en el camino porque no reconocí antes mi poder, o no eché mano del que había alcanzado.

Las personas de color nos presentamos como si tuviéramos que ser perfectos el 110 % del tiempo porque sentimos una capa adicional de responsabilidad para probarnos que valemos. Pero no nos desprendemos de eso lo suficientemente temprano en nuestras carreras. Cuando llegamos a los niveles de líderes y ejecutivos, se espera que tomemos decisiones sin consultar constantemente a nuestros superiores. Cuando no nos arriesgamos lo suficiente por nuestra cuenta y no lideramos con confianza, nos convertimos en esos ejecutivos incapaces de agregar valor de manera independiente y de posicionarse con efectividad.

La experiencia de la evaluación de desempeño da un ejemplo de cómo esperar permiso puede afectarnos al inicio de nuestra carrera. Cuando estás en una revisión, ¿estás esperando permiso para abogar por ti misma o estás tomando la iniciativa para beneficiarte plenamente de ese tiempo con tu líder? Si no estás haciendo las siguientes preguntas, probablemente estás esperando permiso:

- ¿Cómo estoy con relación a mis objetivos?
- ¿Qué puedo hacer para ampliar mi alcance y llegar al siguiente nivel?
- ¿Qué exposición de liderazgo necesito además de mis patrocinadores y defensores?

Puede parecer obvio, pero puede ser altamente difícil para algunas personas llegar a estas preguntas tan directas. Si no las haces, no estás recibiendo la retroalimentación que necesitas para llegar al siguiente nivel. Incluso cuando un líder dice que lo estás haciendo muy bien, puede sentirse bien escucharlo, pero si eso es todo lo que recibes del líder, has recibido un gran daño. La gente se resiste cuando digo esto, pero está en nuestro poder asegurarnos de que nuestras conversaciones de evaluación de desempeño sean valiosas y significativas. Si el líder no se siente cómodo dando retroalimentación, entonces depende de ti hacer las preguntas necesarias. Llegar a un lugar de pertenencia también requiere de saber presentarse y hacer las preguntas difíciles que nos ayudan a posicionarnos para evolucionar. Tenemos que apropiarnos de parte de esa pertenencia. La gente suele decir: «Bueno, no me corresponde a mí cambiar la cultura». Pero nos corresponde a todos. ¡Todos jugamos un papel!

Tenemos que ser participantes activos en nuestra propia defensa, lo que en un entorno corporativo también requiere de prestar atención al entorno mismo. Cuando estoy en una sala, presto atención a quién se conecta con quién. Presto atención a quién me ignora. Presto atención a quién descarta mis contribuciones y quién reconoce mi valor. Al prestar atención a todas estas cosas, obtengo una ventaja respecto a reconocer quién quiere verme con éxito y quién no. Buscar pertenecer también implica reconocer a quienes te hacen sentir que encajas, que estás en el lugar correcto. ¿Quiénes son los que te reciben y te incluyen? Y para los que no lo hacen, ¿qué haces o dejas de hacer al respecto? Pregúntate, ¿qué impacto puede tener esta persona en tu carrera?, ¿importa?, ¿por qué? Todo es parte de tener estrategia e intenciones claras sobre tu recorrido profesional.

Entonces, ¿cómo se siente y cómo se ve un sentido de pertenencia para mí? Es un espacio donde me siento segura y percibo que los demás en la sala me reciben con agrado; donde puedo bajar la guardia y sentirme en paz.

En una etapa muy temprana de mi carrera, asistí a una conferencia de reclutadores donde nuestro CEO de ese momento iba a hablar. Al entrar al auditorio, noté dónde estaba sentado y de inmediato fui a sentarme detrás de él. Le hablé de manera muy intencional para asegurarme de que identificara mi presencia. Cuando subió al escenario para hablar, dijo: «Quiero hacerles una pregunta a los reclutadores. Nellie, sube aquí». Pude escuchar a mis colegas murmurar porque el CEO sabía mi nombre y me había llamado al escenario. Fue un momento definitorio para mí. Pero si no hubiera puesto atención a mi entorno para sentarme estratégicamente detrás de él y hablarle, nunca habría sucedido.

Cuando los empleados de color trabajan en una cultura corporativa donde no se sienten vistos, es probable que no hayan sido colocados en roles diseñados para ascender. Probablemente tampoco tengan figuras protectoras que defiendan sus nombres. Cuando pienso en mi propio recorrido, reflexiono sobre cómo creé mi rol y evolucioné en mis ascensos. No existía un rol de diversidad en Accenture en ese momento, ni un modelo establecido para uno. Yo lo creé y lo hice evolucionar. Constantemente me preguntaba: «¿Cómo me posiciono? ¿Cómo demuestro el valor? ¿Cómo aumento continuamente mi conjunto de habilidades? ¿Con qué líder me puedo alinear?». Tuve que ser creativa y tener certeza sobre cómo iba a presentarme. Lo que siempre me ha funcionado es tener el valor de preguntar. Tenía que estar dispuesta a contar mi historia y abogar por mí. Al principio de mi carrera, un líder me preguntó que por qué era tan importante para mí obtener un ascenso. Respondí: «porque me lo gané y aumentará la credibilidad de mi rol de diversidad». Reconocí que el ascenso era más grande que yo. Se trataba de elevar el rol de la diversidad dentro de la organización.

Cómo Se Siente Experimentar Pertenencia

Buscar pertenencia se ha manifestado de manera diferente a lo largo de mi recorrido corporativo, como lo ha hecho y lo hará en el tuyo también. Cuando comienzas un nuevo rol y estás empezando tu carrera, hay una energía cargada de nervios y emoción. Puedes cuestionarte y llegar a dudar, pero debes ser capaz de evaluar el entorno al que has ingresado. Al principio de mi carrera, fueron las comparaciones coloridas con cortinas, los regalos y acciones ofensivas que claramente sumaron a los desafíos del entorno. Durante uno de mis otros primeros intentos de avanzar en mi carrera, le pedí un ascenso a mi jefe. Sin embargo, él preguntó la edad de mi hija. Cuando respondí que tenía 2, dijo: «te necesitan mucho a esa edad, estoy seguro de que toda tu energía debe ir ahí». ¿Estaba desalentándome de buscar el ascenso porque dedico mucho tiempo y energía a mi hija pequeña, o simplemente estaba siendo considerado? ¿Habrá hecho otros comentarios desalentadores a mis compañeros que eran padres? Son ese tipo de prejuicios y comportamientos sutiles los que te dejan en medio de muchas interrogantes y que sacuden toda tu confianza. Sentí que ya no podía hablar libremente sobre mi hija con él por temor a que lo usara como una desventaja para mi carrera.

Entonces, ¿cómo se ve y cómo se siente poseer un sentido de pertenencia para mí? Es un espacio donde me siento segura y percibo que los demás en la sala me reciben con agrado, donde puedo bajar la guardia y sentirme en paz. Puedo relacionarme cómodamente con las personas. No estoy constantemente decodificando señales verbales y no verbales. Mi experiencia no se ve superada por la necesidad de poner un esfuerzo significativo en encontrar una manera de encajar y sentirme bienvenida o valorada. Ahora, imagina si pudieras experimentar pertenencia todos los días. Tu compromiso y contribuciones a tu empresa, y tu propio éxito, serían imparables. Por eso las organizaciones deberían considerar la pertenencia como un componente crítico de sus estrategias empresariales.

Preguntas para considerar

1. ¿Cuáles consideras que han sido tus choques culturales en tu vida profesional, y cómo han jugado a tu favor o en tu contra?
2. ¿Qué incidentes o experiencias te están pesando y necesitas dejar atrás?
3. ¿Estás usando tu voz con valentía para abogar por ti y amplificar las voces de los demás?

CAPÍTULO

2

El Trabajo Constante Contra La Marginación

¿Qué está funcionando para mí? ¿Qué no está funcionando para mí? ¿Qué debe funcionar para mí? Me he hecho constantemente estas tres preguntas cruciales a lo largo de mi carrera para provocar un importante diálogo interno y lograr claridad personal, reconociendo plenamente que solo yo tengo la responsabilidad y capacidad de dar las respuestas. Es una tontería ceder tu responsabilidad y poder para que otros decidan qué funciona para ti. Ellos pueden hacer recomendaciones, compartir suposiciones e incluso influir un poco sobre lo que creen que es el camino correcto para ti, pero solo tú sabes lo que será mejor para tus intereses. Estas tres preguntas me han ayudado a comprender lo que realmente necesitaba en esos momentos en que me he sentido marginada. También me han impulsado para alcanzar alturas increíbles, ya que trabajar mis respuestas me ha guiado a redirigirme de manera consciente cuando ha sido necesario, logrando moldear y alcanzar mis metas.

En la escuela, muchos de nosotros experimentamos el acoso de una forma u otra. Algunas personas lo ejercían y otras eran víctimas. Incluso si no estuvimos involucrados, es probable que fuéramos testigos del nivel de dolor y sufrimiento que puede provocar un acosador. Estos comportamientos amenazantes despojan a una persona de su derecho a vivir sin miedo y sofocan su capacidad de ser despreocupada, atrevida, audaz y valiente. Aunque la mayoría de nosotros no hablamos sobre el acoso como adultos dentro de la cultura corporativa, es común experimentar sus efectos cuando las personas, intencionalmente, con sus palabras y acciones, buscan hacer que otros se sientan marginados. Sabemos que un entorno de aceptación promueve sentimientos de seguridad, permitiéndote moldear quién puedes llegar a ser, sin inhibiciones. Un entorno plagado de marginación tiene el efecto opuesto, y muchos estarán de acuerdo en que impacta con desproporción a los grupos diversos en todas las industrias. A menudo ocurre de manera sutil, pero esas microinequidades se acumulan continuamente hasta que se vuelven innegables para la persona que las recibe. Las microinequidades son obstáculos para nuestro potencial y credibilidad, que pueden limitar nuestra capacidad de contribuir plenamente en el espacio de trabajo.

Durante una conversación sobre marginación con una mujer de color en un puesto *sénior*, ella dijo en tono reflexivo: «Apuesto a que ha habido muchas veces en que la he vivido y no la he llamado por su nombre. En cambio, me convenzo de que estoy exagerando o siendo demasiado sensible». Este sentimiento es muy común. Nadie quiere ser etiquetado como demasiado «sensible» o «exagerado». A pesar de sentir los efectos de la marginación, constantemente justificamos estos comportamientos con todas las razones para convencernos de que en realidad no está sucediendo. Estos incidentes comienzan a hacer que te cuestiones. Plantan esas molestas semillas de duda, provocándote inseguridad sobre tus habilidades. Tu respuesta automática es asumir que todo está en tu cabeza, pero a través de la acumulación de estas experiencias, comienzas a sentir los efectos con mayor intensidad y llegas a la desalentadora realidad de decir: «sí, me están marginando». Para algunas personas, puede tomar tiempo reconocer lo que les está sucediendo, pero para otras, esa realidad se revela mucho más rápido.

La Marginación En Acción

La marginación se manifiesta de muchas formas distintas para los profesionales de color; cuando somos los últimos en ser seleccionados o nunca seleccionados para un rol o proyecto, aunque sea evidente que contamos con las habilidades para sobresalir en él. Cuando nos interrumpen constantemente al hablar o presentar. Cuando somos los únicos en una llamada que no recibimos cumplidos ni reconocimiento. Cuando no nos llaman por nuestros nombres, porque los miembros del equipo, colegas o líderes no se han tomado el tiempo de preguntar cómo se pronuncian. De manera exasperante, somos marginados cuando los líderes que saben que eres buena en lo que haces eligen no confiar en que eres lo suficientemente buena: «Bueno, déjame consultar tus ideas con un par de personas más». Algunos hacen esto con plena conciencia de su sesgo hacia las personas de color, otros están condicionados desde su subconsciente para creer que las personas de color no son tan capaces o inteligentes. En ambos casos, validar el trabajo o las ideas de alguien a través de otros que representan familiaridad, o un sesgo positivo, se convierte en su reacción predeterminada. Eligen acudir a las personas con las que se sienten cómodos y en quienes creen que pueden confiar al 100 % o a quienes tienen en mayor estima.

La marginación también se presenta en interacciones uno a uno, donde los líderes se ponen a realizar múltiples tareas en lugar de concentrarse en la conversación, por no considerarte lo suficientemente importante como para recibir su atención total. Ahora, puedo admitir que los líderes, y las personas en general, tienen algunas llamadas que esperan con ansias y otras que temen atender. Somos humanos. Sucede. Pero cuando nos presentamos a una llamada con un líder que no comparte esa (nuestra) diversidad, nos enfrentamos con cautela a la experiencia. Y si, en ese encuentro, el líder responde mensajes o revisa su teléfono mientras hablamos, la experiencia se convierte, una vez más, en un reflejo de esos sutiles comportamientos de exclusión que seguimos enfrentando en nuestro recorrido profesional.

La mayoría de los líderes dirían que no buscan intencionalmente hacer que las personas se sientan marginadas. Los líderes a menudo tienen múltiples prioridades que compiten entre sí y puede que no se den cuenta de cómo dividir su enfoque puede afectar negativamente a sus equipos. Una vez, tuve una nueva integrante en el equipo que residía en India; necesitaba orientación y me había contactado con urgencia. Pero yo había tenido varios viajes internacionales, estaba cansada, con muchísimo sueño y con poca energía, apenas podía dedicarme a las prioridades más urgentes, no tenía energía para atender el proceso de incorporar a una nueva integrante. Elegí otras prioridades, pero cuando me di cuenta de lo marginante que eso pudo haberle parecido, inmediatamente me detuve y la llamé, decidida a darle toda la atención que merecía.

Antes de sumergirme en mis disculpas y razones, decidí darle la oportunidad de expresar sus sentimientos y emociones. Ella dijo: «Nellie, para poder hacer mi trabajo, necesito tener claridad sobre tu dirección y lo que se espera del cronograma». Me recordó la importancia de poner a los miembros del equipo en primer lugar y aprecié que fuera tan asertiva. Me disculpé con ella y compartí las razones por las que no me había comunicado antes. Sentí que le debía una explicación porque reconocí la gran posibilidad de que pudiera sentirse marginada como miembro del equipo, al no recibir la respuesta que otros sí recibían, y que necesitaba en ese momento. Como líderes, debemos responsabilizarnos de reconocer cuándo nuestras acciones o decisiones pueden hacer que los miembros del equipo se sientan devaluados.

Otro escenario marginante que he visto es cuando una persona de color habla en una reunión y nadie responde ni está de acuerdo. Nadie siquiera reconoce que la persona habló. Recuerdo que estaba en una llamada de un equipo ejecutivo grande donde solo dos de nosotros éramos personas de color. La otra persona era de

América Latina y tenía lo que algunos en la reunión percibían como un «acento marcado». Durante la llamada, hizo una recomendación y nadie en este grupo (generalmente conversador) dijo una palabra. Ni siquiera el líder del comité. Esta era una persona en un rol de liderazgo hablando en una reunión y recibiendo cero respuestas. El silencio fue incómodo y resonó en mí. Era una sensación que yo misma había experimentado muchas veces. Empiezas a preguntarte con nerviosismo si te desconectaste y perdiste a todos en la llamada o si habías estado hablando mientras estabas en silencio. Casi esperas que haya sido una de esas opciones y no que simplemente te ignoraron o descartaron por completo.

Ese silencio ensordecedor me motivó a intervenir y decir: «Gracias por compartir tu idea con el grupo. Se alinea muy bien con los objetivos organizacionales que discutimos con anterioridad». Y esa pudo parecer una declaración simple, pero en realidad estaba cargada de intenciones: reconocimiento, validación y acción. Primero, intervine para que él se sintiera reconocido. Luego, tuve que afirmar mi reacción positiva a su sugerencia para validarla públicamente. Por último, tuve que alentar la acción del grupo vinculando la idea con los objetivos compartidos previamente. Después de la llamada, él me contactó para agradecerme por hablar y darle reconocimiento frente a los demás. Fiel a mi estilo, una vez más decidí educar y me acerqué a la líder del comité. Comencé la conversación haciéndole saber que mi objetivo al contactarla era crear mayor conciencia y ayudarla a evolucionar como líder inclusiva. Luego le dije: «Se necesitó una mujer de color

Aunque la mayoría de nosotros no hablamos sobre el acoso como adultos dentro de la cultura corporativa, comúnmente experimentamos sus efectos cuando las personas, de manera intencional, con sus palabras y acciones, buscan hacer que otros se sientan marginados.

para reconocer a un hombre de color». Ella respondió: «¡Ay! ¡Dios mío, Nellie! Te prometo que ni siquiera lo pensé de esa manera». Le creí y le dije: «Aquí es donde aparecen las oportunidades para aprender, evolucionar y comprometernos con crear un entorno inclusivo».

Tengo cientos de conversaciones con personas de múltiples organizaciones y muchas de esas conversaciones se quedan conmigo. Me impulsan a seguir provocando valientemente el cambio cultural en las industrias. Durante una conversación con una talentosa mujer de color, ella dijo: «Al salir de mi antiguo empleo, decidí hablar con los líderes y contarles mi historia, explicarles cómo me había sentido afectada durante todo ese tiempo. No fueron episodios claramente ofensivos, sino una cantidad incontable de pequeños momentos de marginación. En ese momento no tenía nada que perder. Mientras lo contaba todo, comencé a sentirme más ligera, liberada, con una nueva calma que me resultaba desconocida». Continuó: «Nellie, imagina lo increíble que debe ser para quienes no tienen que cargar con el peso que llevamos o navegar los peligros ocultos de los prejuicios como lo hacemos nosotros. Ellos tienen el beneficio y la facilidad de simplemente enfocarse en el trabajo».

Aunque puede ser difícil de categorizar debido a las muchas dinámicas que se desarrollan en un equipo, la experiencia de la interrupción también puede asociarse con la marginación. Existe la sensación de que las personas de color son interrumpidas o descartadas a un ritmo más alto que otros. Recuerdo la experiencia de una ejecutiva de color que estaba en una llamada con un grupo de líderes cuando uno de sus colegas la interrumpía continuamente. No interrumpía a nadie más. Fue necesaria la intervención de otra mujer para señalarlo y que él se disculpara con su colega. Dijo que ni siquiera se había dado cuenta de que lo estaba haciendo, pero era obvio para varias personas que había un sesgo inconsciente guiando su comportamiento. Los sesgos inconscientes influyen en nuestras decisiones y comportamientos de manera sutil; tanto, que pueden pasar completamente desapercibidos. Son resultado de la cultura, de la influencia familiar o las experiencias de vida. Esto es lo que tantas personas diversas enfrentan, y lo que los líderes y colegas no diversos deben entender. Enfrentarse a estas microagresiones y microinequidades es una distracción constante, tan real que resulta imposible pasarla por alto.

Zona De Confort ¿Para Quién?

Las acciones de los líderes pueden generar sentimientos de marginación de diferentes formas, y las reuniones grupales son una perfecta manera de ilustrar esa idea. Mientras se espera que comience una reunión, los miembros del equipo suelen iniciar con una charla informal, o lo que yo llamo conversaciones de «calentamiento». Estas conversaciones pueden parecer insignificantes, pero, así como calentar antes de practicar un deporte es necesario para un mejor rendimiento, las conversaciones de «calentamiento» pueden preparar el terreno para contribuciones impactantes en la reunión. Te da un impulso de confianza haber hablado o reído antes con otras personas; entras con más seguridad y soltura.

Muchas veces he visto a líderes de múltiples organizaciones entrar a una sala antes de una reunión y cambiar la dinámica de estas conversaciones de «calentamiento» al acercarse inmediatamente a reconocer a sus personas de confianza, excluyendo a otros en la sala. Cuando esto ocurre, ese líder ha hecho dos cosas. Primero, ha demostrado a todos en la sala quiénes son sus «elegidos». En segundo lugar, acaba de empoderar a esas personas para que se presenten más relajadas y tomen más riesgos al darles ese impulso de confianza que naturalmente viene con ser reconocidos. Al mismo tiempo, esos pocos minutos de interacción selectiva pueden haber afectado negativamente a otra persona durante toda la reunión. Para algunos líderes, estos comportamientos ocurren sin intención, mientras que otros aprovechan estratégicamente estos momentos para reconfirmar a quiénes descartan con selectividad y a quiénes han elegido como sus personas de confianza.

Cuando hago capacitaciones sobre cómo crear una cultura inclusiva en varias organizaciones e industrias, pido a los líderes que piensen en el último año y en todos los grandes proyectos que han liderado. Al mirar alrededor de la sala, observo sonrisas y miradas de satisfacción. Luego les pido que piensen en las personas que han incluido en esos proyectos. Las sonrisas continúan. Después, les pido que piensen en las personas que, ya sea consciente o inconscientemente, dejaron fuera. La energía comienza a cambiar. Finalmente, les pregunto: «¿Cómo se ven las personas que dejaron fuera?, ¿a qué grupos representan?» Y ¡boom! Toda la energía de la sala cambia porque rara vez se les pregunta sobre las personas que excluyeron. Eventualmente corto la tensión haciéndoles saber que no les hice esas preguntas para provocarles vergüenza. Las hice para ayudarlos a cambiar y evolucionar, así como para que piensen en la responsabilidad de lograr la equidad. ¿Están siendo justos e imparciales al elegir a sus equipos? Les pido que consideren lo siguiente:

- ¿Cuántos miembros de legado tienes en tu equipo? Estas son las personas que has elegido para trabajar contigo durante un período prolongado, y a quienes llevarás contigo a medida que asciendes en la escalera corporativa.
- ¿Cuántos miembros del equipo son relativamente nuevos para ti, o algo desconocidos, pero decidiste agregarlos por contar con las habilidades requeridas?

- ¿Cuál es la representación de diversidad en tu equipo? ¿Eres responsable respecto a ser inclusivo?
- ¿Eres consciente de cuáles son tus sesgos? ¿Sabes dónde tienes oportunidades para evolucionar?
- ¿Cómo tus sesgos existentes impactan en la decisión de a quién patrocinas y defiendes?

La naturaleza humana es tal que automáticamente vamos a nuestras zonas de confort. Esto puede estar impulsado por cómo se forman y moldean los sesgos inconscientes a través de nuestras experiencias, socialización y exposición a otras perspectivas sobre grupos de personas. Pero la conciencia equivale a responsabilidad, lo que debería guiarnos a salir de nuestras zonas de confort y evolucionar hacia la inclusión. A menos que hagamos eso, no resolveremos la falta de pertenencia que las personas experimentan dentro del entorno corporativo.

El Efecto De La Marginación

Sentirse marginado acaba llevando inevitablemente sentirse desvalorizado. Lo veo a menudo. Las personas se habitúan de forma gradual a perder tantas oportunidades de ser escuchadas que acaban cerrándose. Solo vuelven a participar cuando alguien las involucra a conciencia. Volvamos al escenario de «calentamiento» en la reunión. La realidad es que, con demasiada frecuencia, cuando no hay suficiente representación de diversidad en una reunión, nuestro nivel de comodidad se reduce drásticamente. Decidimos no participar, y esto suele estar impulsado por factores como:

- El tema no es relevante
- Haber tenido una experiencia incómoda o desagradable con algunos en el grupo

- No ser extrovertido o expresivo
- Sentirse demasiado *junior* o nuevo como para contribuir con comodidad
- Protegerse ante la probabilidad de ser descartado o ignorado
- Esperar el momento perfecto para intervenir con educación
- No sentir seguridad psicológica para participar

Cada vez que me encuentro en una situación en la que decido no participar en la charla de «calentamiento», siento que ya he comenzado con desventaja la reunión. En ese momento, me obligo a considerar si mi falta de participación proviene de haber sido excluida intencionalmente, o si sucede porque mi nivel de comodidad o interés simplemente no estaban allí. Ser consciente del porqué es importante para mí y determina cómo elijo o necesito presentarme para el resto de la reunión, así como en reuniones futuras.

Al tratar de determinar si me he puesto obstáculos en el camino, considero las siguientes preguntas:

- ¿He dado demasiada importancia y credibilidad a quienes han construido narrativas o imágenes de mí que nada tienen que ver con mis habilidades y capacidades?
- ¿Estoy permitiendo que un sentimiento de derrota impacte de forma negativa mi nivel de energía para combatir los prejuicios dañinos que llegan a mí?
- ¿He puesto una cantidad significativa de culpa en factores externos y narrativas de prejuicio en lugar de enfocarme en ejecutar las acciones que me corresponden en el momento?
- ¿Me siento intimidada?

Así que te pregunto: ¿Estás usando estas conversaciones de «calentamiento» como una oportunidad para participar? Algunos entran a la sala o a videollamada y participan sin problema en estos intercambios, mientras que otros se sientan en silencio sin hacer una sola contribución. ¿Esto te está pasando a ti?

Recuperando Tu Poder

Si eres de las personas que no son reconocidas por los líderes que entran a esas salas, es hora de hacer algo al respecto. Sí, eso pasó, pero ¿y ahora qué?, ¿vas a dejar que tu energía se vea afectada durante las próximas horas o vas a elegir abrirte camino en esa conversación y ganar posición como aquellas personas que sí fueron reconocidas? Es difícil cuando te han puesto en desventaja en los primeros minutos de una reunión, pero nos debemos a nosotros mismos elegir hacer algo al respecto; debemos encontrar formas de participar.

Recuerdo situaciones en las que estoy en una sala escuchando a líderes reír y hablar sobre sus clubes de campo, vacaciones extravagantes o juegos de golf, mientras yo me siento tratando de averiguar cómo encajar. Sí, tenía un asiento en la mesa, pero tenía que descubrir cómo usarlo para ser escuchada. Tuve que preguntarme qué sería inaceptable para mí, y la respuesta siempre ha sido: no aprovechar ese asiento, sin importar qué tan desafiante resultara ocuparlo.

Es momento de pasar a la acción para resolver el problema. Para tomar decisiones conscientes. Considera estos posibles escenarios:

- Si tus recomendaciones e ideas son constantemente rechazadas, pero otras similares son aceptadas, pregunta el porqué. Identifica una o dos personas con las que puedas compartir tu recomendación e involúcralas para que apoyen tus ideas; hazlas aliadas de tus propuestas.

- Si tu nombre se pronuncia mal o simplemente no lo mencionan quienes no se han tomado el tiempo de familiarizarse con él, identifica formas de cambiar eso. Habla con la persona y envía un correo electrónico con tu nombre escrito fonéticamente.
- Si un líder, colega o compañero se atribuye el mérito de tu trabajo, debes redirigir esa frustración o decepción hacia identificar qué debe hacerse diferente la próxima vez y qué debe hacerse ahora para que te reconozcan como alguien que contribuye de forma significativa. Pide al líder del proyecto que te dé retroalimentación por escrito sobre tus contribuciones, para que formen parte de tu evaluación de desempeño.
- Cuando te sientas marginada, pregúntate: «¿Estoy bien dejando esto pasar?, ¿qué tan dañino puede ser esto si no lo abordo; tanto para mí como para personas como yo?, ¿necesito involucrar a otros para ayudarme a resolver esto?».

Como mujer de color con acento, entiendo el nivel de preparación que se necesita para presentarse con confianza y hablar. Al principio de mi carrera, cada vez que me interrumpían o descartaban, se drenaban mis esfuerzos por participar con fluidez y presentarme con confianza. A veces, los líderes y colegas entran a una llamada mostrando prejuicios a partir de los acentos. No quieren poner un esfuerzo por superar el acento y, en muchos casos, se desconectan por completo o interrumpen de manera abrupta y notoria. Experimentar este comportamiento puede llevarnos a quienes tenemos acento a cerrarnos. Pero ¡los reto a que no lo hagan! Nuestros acentos no determinan nuestras habilidades, inteligencia o experiencia. Simplemente reflejan los sonidos de nuestras hermosas culturas. Debemos reflejar que estamos orgullosos por la forma en que sonamos sin importar el espacio o entorno en que nos encontremos. Esa decisión es nuestra. Con ese cambio de mentalidad, podemos dejar de prestar tanta atención a cómo sonamos y enfocarnos en el contenido de lo que estamos comunicando.

Reconozco que este cambio de mentalidad puede ser difícil para algunos, pero piénsalo así: ¿Cuánto tiempo más permitirás que la forma en que suenas te detenga de lograr lo que sabes que eres 100 % capaz de lograr? Toma la decisión de no limitarte por tu acento; hablando con confianza y contribuyendo a las conversaciones. Quienes te rodean en algún momento dejarán de escuchar el acento. A medida que se les haga familiar, comenzarán a enfocarse en el contenido de tus palabras. ¡Ese es el poder de cambiar cómo nos presentamos!

El Nivel *Sénior* No Es Un Escudo

Ser líder *sénior* o ejecutivo no te vuelve inmune a la marginación. El sesgo asociado a tu grupo demográfico o identidad diversa puede aparecer en cualquier momento de tu carrera. Aunque hayas llegado a un punto de tu camino en que eres más hábil para identificarlo y responder, aún llega ese momento o momentos en que te sorprende que el sesgo haya aparecido de nuevo frente a ti. Una vez más, necesitas deducir si tu interpretación de un incidente es precisa.

Nunca he afirmado tener el poder de descifrar la intención de otra persona, especialmente cuando muestra un comportamiento sesgado, y no puedo con total convicción decirte si el sesgo exhibido fue intencional o no, aunque ciertamente tendré mi propia opinión al respecto. Sin embargo, como receptora y persona impactada por las acciones, puedo con total certeza decidir por mí misma cuándo el comportamiento ha provocado que me sienta menospreciada o marginada. Así que, cuando las personas intentan descartar de forma casual la marginación de cualquier grupo con comentarios como: «Eso le puede pasar a cualquiera, no solo a las personas de color», respondo con calma: «Confío en que las personas afectadas son lo suficientemente sabias y seguras como para saber lo que se les ha mostrado». A veces, las personas quieren clasificar la situación de manera distinta, darle otro significado o hacerte cuestionar tu interpretación personal. Puede ser que quieran hacerte sentir mejor, lo cual puede ser agradable y se aprecia, o puede que quieran proteger a la persona que se comportó de esa manera. Sea como sea, la persona afectada debe tener la plataforma para compartir su verdad sobre cómo se siente.

Durante una sesión de revisión de un proyecto, mostré reservas marcadas a una colega a partir del enfoque que ella quería tomar y le informé que no respaldaría el proyecto si el equipo seguía adelante con el diseño actual. No fue una decisión fácil para mí: soy conocida por colaborar, abogar, apoyar y levantar equipos. Fue la primera vez en mi carrera que me negué a respaldar un proyecto. También fue la primera vez que me opuse tan firmemente a la dirección de una colega. Pero así de convencida estaba de que la dirección no era la correcta.

A pesar de mis objeciones, ella decidió probar el proyecto con un grupo pequeño. Cuando me enteré, me dijeron que quería obtener más opiniones (hmm, esto me resulta familiar). Tuve dos reacciones. Primero, mi experiencia y aporte de liderazgo obviamente no resultaron ser suficientes para convencerla de que era la dirección equivocada; eso no se sintió bien. Segundo, tuve que tener apertura frente a su decisión de hacer una prueba piloto del proyecto. En mi mente, estaba segura de que los resultados confirmarían mi posicionamiento. ¿Cómo resultó? La retroalimentación fue exactamente tan negativa y preocupante como había predicho.

Aunque me sentí validada, no pasé tiempo presumiendo mi acierto. En cambio, elegí trazar rápidamente otro rumbo. Tuve que pensar cuál era mi papel para ayudar a redirigir a un miembro del equipo que se sentía particularmente desanimado. Ahora, para ser clara, esa elección no borró el hecho de que aún me sentía descartada por la experiencia. Pero aquí está el poder de no dejar que el ego entre en la ecuación, tener buenas intenciones y participar con valentía en conversaciones productivas. Le comuniqué sin rodeos a mi colega lo marginada que me hizo sentir su decisión de ignorar mi retroalimentación directa y resistirse tan firmemente a mi recomendación. Mi mensaje directo para ella fue: «Si alguna vez te has preguntado cómo es que las mujeres de color se sienten menospreciadas, no bienvenidas, apartadas y básicamente marginadas, entonces te sugiero que no busques más allá de ti misma. Acabas de mostrar esos comportamientos hacia mí».

Una semana después, me llamó para disculparse. Reconoció que sus acciones fueron incorrectas, aunque no pudo ofrecer una explicación de por qué se comportó así. Escuché y le dije: «Gracias por la disculpa; la aprecio y la merezco». Ambas nos reímos un momento y luego tuvimos una larga conversación.

Estoy convencida de que pudimos tener esta conversación tan necesaria, transparente, e incómoda pero productiva, porque ambas nos presentamos con el espíritu correcto. Demostramos nuestro apoyo profesional mutuo, dejando de lado cualquier juicio potencial y simplemente hablamos. Así es como elijo obtener avances impactantes y necesarios. Ignorar los comportamientos o darles otras etiquetas no impulsa el cambio que debe ocurrir. Algunas personas sienten que no tienen el poder de generar cambios dentro del entorno corporativo, pero tenemos poder en cualquier nivel para hablar por nosotros mismos y decir lo que elegimos no aceptar. Y hay muchas formas de hacerlo. Elegir ignorarlo es la opción que requiere menos energía; se siente más segura y menos complicada, pero es la opción más dañina.

Preguntas para considerar

1. ¿Sabes cómo reconocer cuándo estás siendo marginada?
2. ¿Tu actitud margina a otros?
3. ¿Cómo te enfrentas a la marginación?

CAPÍTULO

3

Reconoce Tu Poder; Reclama Tu Valor

¡Tú puedes! ¡Te lo ganaste! ¡Ahora reclama tu poder! Recurro a estas afirmaciones, especialmente cuando siento se han elevado las expectativas establecidas por mí o para mí. Me brindan la guía interna que necesito para ajustarme en un entorno cambiante. Con mucha frecuencia, no reconocemos el poder que hemos ganado, por lo que no lo aprovechamos con plenitud.

A menudo me preguntan sobre el momento decisivo en que reclamé mi poder sin disculparme por ello. Hay muchos momentos que puedo señalar, pero algunos destacan como puntos críticos en mi carrera donde, sin duda, reclamé mi lugar. Cuando estamos decididos a cerrar brechas y resolver los desafíos que afectan a las comunidades diversas, nos encontraremos necesitando recurrir a nuestra confianza más profunda para afirmarnos y generar cambios. Esas acciones asociadas con crear cambios muchas veces necesitarán de la cooperación, el acuerdo y la participación de varios líderes. Estos cambios requerirán la interrupción de las formas tradicionales de hacer las cosas. Y necesitarán incorporar nuevos procesos capaces de generar trabajo adicional, lo que hará que algunos duden o cuestionen el valor de lo nuevo que se está introduciendo.

A lo largo de mi liderazgo he introducido múltiples formas programáticas nuevas para cerrar brechas. Muchas veces, se me encomendó lograr que otros líderes estuvieran de acuerdo. Algunas de esas conversaciones fueron agradables y fáciles, otras fueron sumamente desafiantes. Cuando estaba introduciendo un proceso para aumentar el progreso interno de personas de color, me encontré con cierta resistencia. Sin embargo, entendía el porqué. Para que el proceso funcionara, los líderes tendrían que tener una llamada conmigo para hacer revisión de cada persona dentro de sus propios grupos. También tendrían que tener una llamada con sus líderes de RRHH para familiarizarse con sus equipos. Estaba pidiendo a líderes sumamente ocupados que dedicaran más tiempo y energía a algo nuevo. Pero estaba segura de que ese proceso establecería un cambio de tono en que los líderes de negocio comenzarían a sentirse responsables sobre la representación de diversidad dentro de sus grupos. Fomentaría la responsabilidad de cada uno de estar más conscientes del talento. Básicamente, pedíamos a los líderes que se familiarizaran con varios grupos étnicos a nivel ejecutivo y superior, e identificaran si cada uno estaba alineado con el cliente correcto, en el rol correcto y con el patrocinador correcto (lo que llamábamos la «Revisión del Proceso de las 3R»). Sin embargo, no me rendí y seguí insistiendo en que estas llamadas se pusieran en los calendarios de los líderes. Aun así, la resistencia seguía siendo significativa.

Tomé la decisión de aprovechar mi poder acercándome primero a los líderes que menos resistencia presentaban y comencé con ellos. También recluté a sus líderes de RRHH para que les explicaran cómo el proceso les ayudaría a cerrar una brecha. Una vez logré que algunos líderes se sumaran, les pedí que fueran con los otros líderes y explicaran lo útil que había sido el ejercicio. Persistí con firmeza, y eventualmente se convirtieron en llamadas trimestrales. Fue impresionante ver cómo estos líderes evolucionaron a través de cada una de estas llamadas. Desde las llamadas iniciales, donde solo había cierta familiaridad con quienes estaban en sus grupos, hasta presenciar la plena conciencia de la experiencia y cómo cada individuo que identificamos fue posicionado. Esa fue una revolución impactante que creó responsabilidad y el compromiso de retener, desarrollar y promover el talento.

En momentos como estos, necesitaba autoevaluar conversaciones internas y evaluar cómo influían en mis acciones externas para poder elevar mi credibilidad y continuar creciendo. Cómo te ves a ti misma es cómo empiezas a mostrarte, y si no somos capaces de irradiar nuestro poder, otros no lo valorarán. Es una deuda con nosotros mismos realizar estas autoevaluaciones para poder enfrentar pensamientos negativos antes de que se manifiesten en nuestros comportamientos y decisiones. Por ejemplo, si dejamos que un líder o colega nos intimide, en cada interacción posterior con esa persona, puede que nos presentemos de manera pasiva. Cedemos nuestro poder cuando nos preocupamos por lo que piensan los demás y editamos mentalmente cada palabra antes de decirla. Pero si somos conscientes de eso, podemos cambiar la narrativa y presentarnos de manera muy diferente en esas interacciones.

A pesar de tener total intención en mantenerme positiva y motivada, enfrentar la resistencia es una parte inevitable del recorrido profesional. En muchas ocasiones, enfrenté el reto de convencer a otros de adoptar mis visiones y priorizarlas. Tuve que llevarlos conmigo en el viaje de mi proceso creativo, mientras demostraba el valor de lo que deseaba lograr. Eso requirió que ajustara mi enfoque para obtener el apoyo y patrocinio de personas clave que eran cruciales para mi éxito y el del programa. Usé estos desafíos como combustible para alcanzar mis metas.

Al evaluar si factores externos están sofocando tu poder, hay tres puntos clave para considerar:

- ¿Te están dejando fuera de reuniones o discusiones clave propias de tu nivel y rol?
- ¿Se están distorsionando u ocultando hechos importantes o clave para tu éxito?
- ¿Están forzándote a quedarte en un rol típico o que te limita; con poca visibilidad, crecimiento y avance?

Una vez que hayas respondido esas preguntas, considera estos puntos adicionales para sacar el mejor provecho de tu poder personal y sumar a otros para que apoyen tu visión:

- ¿Reconoces como realidad que algunos o muchos no adoptarán tu visión de inmediato?
- ¿Completaste tu investigación e identificaste qué brechas relacionadas con tu visión impactarán positivamente en los resultados del negocio de esos líderes que necesitas convencer?
- ¿Has invertido tiempo en reunirte uno a uno con personas influyentes y clave antes de presentar ante una audiencia general?

Al evaluar estos factores y pasos, te das a ti misma mayor claridad y oportunidad para hacer evolucionar tu poder.

Dirige La Narrativa

Si bien los ascensos y nuevas oportunidades nos llenan de emoción, para algunos dentro de grupos diversos, estos sentimientos se ven interrumpidos por pensamientos autolimitantes que ocupan mucho espacio en la cabeza. Es como ver letreros de neón brillantes que dicen:

- ¿La mayoría cree que obtuve este ascenso u oportunidad por la diversidad que represento?
- ¿Realmente tengo la capacidad de desempeñarme en este nivel?
- ¿Puedo contar que quienes me rodean se interesan en mi éxito?
- ¿Seré capaz de detectar sesgos sutiles que pueden surgir por tener este nuevo rol y ascenso?

Estos son los pensamientos que nos hacen preocuparnos luego de ser menospreciados por otros.

Superar estos posibles obstáculos requiere de resiliencia y determinación.

Durante un programa de desarrollo para mujeres que facilité, una participante se levantó para compartir su experiencia. Dijo: «Nellie, un colega casi me dijo durante nuestra conversación que me ascendieron simplemente porque soy mujer». Su incomodidad y decepción eran visibles, y pude ver por las expresiones de las demás en la sala que este les resultaba un escenario familiar. No es sorpresa. Las mujeres en todas las industrias han lidiado con esta percepción durante mucho tiempo. Desde el podio, me tomé unos segundos para mirar alrededor y captar la energía en la sala. Quería que las demás participantes supieran que podía sentir y ver sus reacciones también.

Respondí planteando tres preguntas importantes: «¿Crees que eso es cierto? ¿Puedes controlar las creencias y percepciones de los demás? ¿Qué poder tienes para cambiar esa narrativa acerca de ti?». Expliqué que, al elegir nuestra respuesta frente a este tipo de situación, primero debemos elegir creer que nos hemos ganado esta nueva oportunidad o ascenso. Segundo, debemos admitir que no podemos controlar completamente las creencias o prejuicios de los demás. Finalmente, debemos entender que sí tenemos el poder de influir en nuestra narrativa. Por lo tanto, hacemos lo que siempre hemos hecho; damos lo mejor de nosotras y dejamos que nuestros resultados acallen cualquier ruido de etiquetas negativas o percepciones de otros. Damos poca o ninguna energía a esas suposiciones negativas y, en cambio, la dirigimos para resolver por nosotras mismas, tanto a nuestros equipos como a las organizaciones que representamos. Tenemos ese poder.

Era evidente que la audiencia quería continuar la conversación, ya que otra persona hizo una pregunta de seguimiento: «¿Cuál es la forma directa de responder a ese tipo de comentarios?». Le di una sonrisa pícara que insinuaba el tipo de respuesta sin filtro que a veces quiero dar en esos momentos, pero luego le di mi respuesta profesional: «Bueno, déjame decirte cómo he respondido yo: estoy deseando aportar valor en este nuevo nivel. Agradezco cualquier consejo, idea o recomendación que tengas para mí mientras me enfoco en cumplir los objetivos asociados a este rol». Nota que mi respuesta no incluyó frases como «estoy agradecida, aprecio mucho, o estoy tan emocionada por este ascenso». Eso no es por accidente. Me enfoqué en mi valor y abrí la puerta a cualquier idea o recomendación relacionada con cómo puedo tener éxito en mis metas. Siempre recibo y reconozco los aportes de las personas. Sin embargo, no alimentaré comentarios que intenten disminuir mis logros. Cuando no reclamamos nuestro espacio y permitimos que otros nos minimicen, también podemos empezar a minimizarnos sin darnos cuenta.

Veamos algunos escenarios que muestran cómo cada uno de estos ejemplos puede manifestarse en nuestra vida profesional:

Ser excesivamente agradecidas, complacientes y serviciales con los demás:

- Constantemente decimos lo agradecidas que estamos por los puestos y oportunidades que nos «han dado». Se nota en cómo nos comunicamos por correo electrónico cuando insertamos mucha cortesía antes y después del mensaje principal. Filtramos nuestras palabras a través de numerosos lentes, gastando nuestro valioso tiempo leyendo y releyendo nuestros correos antes de enviarlos. Puede ser agotador. Aquí tienes un ejemplo:

- *¡Gracias por la oportunidad que me has brindado! ¡Aprecio que hayas pensado en mí y creído en mí! ¡Estoy muy emocionada de haber sido seleccionada! ¡Espero poder demostrar mi valor! ¡No te defraudaré! Por favor, avísame si hay algo en lo que pueda ayudarte mientras tanto.*

Nunca sugeriría no ser agradecida, cortés o servicial. Sin embargo, sí sugiero que sepamos cuándo ese comportamiento es apropiado y sincero versus momentos en que hay una necesidad de complacer o hacer que otros se sientan muy queridos. Debemos enfocarnos en lo que hemos ganado versus lo que creemos que nos han regalado. Así se ve eso:

- *«Espero con interés participar en el nuevo rol. Gracias por reconocer mis habilidades y experiencia, y el valor que ambos aportarán. Aprecio tu patrocinio».*

Disculparnos por nuestras propias perspectivas:

- Una vez decidí contar cuántas veces me disculpaba en un solo día; ¡fueron 17 veces! Pero no soy la única con este hábito de minimizarme. A menudo veo a miembros de grupos diversos disculparse por ir primero o por tener que interrumpir para poder participar. Incluso nos disculpamos por corregir algo o a alguien, aunque sepamos que tenemos razón. Piensa en cuántas veces te disculpas en un día cualquiera. ¿Esas disculpas están justificadas o provienen de un deseo de aceptación y de complacer en exceso?
- He visto muchos escenarios donde personas de color se encuentran en situaciones donde tienen ideas increíblemente valiosas para aportar a las conversaciones. Sin embargo, su hiperconciencia de querer ser percibidos como colaborativos y no amenazantes los vuelve demasiado cautelosos respecto a compartir abiertamente sus aportes, desafiar una idea o estar en desacuerdo. Entendemos que, si somos uno de los pocos o

el único en la sala, se nos encarga asegurarnos de que nuestra participación desarme primero los prejuicios, para que nuestro aporte sea bien recibido. Por eso muchas veces escuchamos a personas de color comenzar una frase con «Perdón, pero déjame. . .» o «Me disculpo de antemano, pero. . .» o «Disculpa, ¿puedo. . .?». Esta es la enorme carga de acomodarnos constantemente con demás para que nos acepten a nosotros y a nuestras ideas. Esto va más allá de la cortesía inculcada culturalmente. Es adaptarnos a un entorno corporativo donde necesitamos encontrar técnicas (que parece que solo nos exigen a nosotros) para simplemente tener la oportunidad de participar en las discusiones. En lugar de usar esas introducciones de disculpa, he cambiado intencionalmente a frases como: «Agregando a lo que se ha dicho» o «Insertando algunas ideas aquí para. . .» o «Estoy de acuerdo con la mayoría de lo que se ha dicho, sin embargo, permíteme compartir otra perspectiva. . .». Al cambiar a estas, inmediatamente comencé a sentirme más realizada, asertiva y productiva.

Ceder oportunidades ganadas a otros:

- Con demasiada frecuencia cedemos nuestro espacio, nuestro asiento y nuestras oportunidades a otros. Lo hacemos en espíritu de «colaboración» o simplemente porque no nos sentimos listas para ser más visibles y reclamar con confianza lo que hemos ganado. Durante una conversación con una integrante del equipo, compartí mi decisión de evolucionar su rol. Su respuesta fue de resistencia educada. Simplemente no creía que pudiera asumir el alcance ampliado e incluso mencionó a otras personas que debería considerar. Le dije: «Confío en mi decisión de seleccionarte, ¿por qué intentas convencerme de lo contrario?».

- Desafortunadamente, este escenario se repite demasiado a menudo en varios grupos diversos. Podemos optar por no participar porque sentimos una enorme presión de convencernos de que ya estamos 100 % listas. No nos sentimos cómodas dando espacio a esas curvas de aprendizaje tan importantes. Otras veces, no creemos tener de verdad el patrocinio necesario para sobrevivir en un rol más exigente y visible. Y luego está la creencia y la cortesía inculcada de no querer quitarle una oportunidad a otra persona. En lugar de «¿Por qué yo?» o «No creo ser la opción correcta» o «No creo que esté lista. Necesito más tiempo». Siéntete cómoda diciendo: «¡Gracias, estoy lista para comenzar!». «¿Cuáles son las expectativas del rol?». «¿Cómo visualizas la transición?».

No visibilizar nuestras habilidades o experiencia:

- Inmediatamente después de una llamada semanal del equipo, me acerqué a una de las ejecutivas para preguntarle por qué no participaba activamente en nuestras llamadas. No endulcé la pregunta. Conocía muy bien su nivel de experiencia, así como su increíble capacidad para motivar a otros, y ambas habían estado ausentes en las llamadas recientes. Ella dijo: «Nellie, estoy siendo consciente de la retroalimentación que me han dado sobre ocupar demasiado espacio. Así que estoy tratando de ajustar eso». No esperaba esa respuesta, y de inmediato la analizamos juntas. Determinamos que la retroalimentación provenía de una sola colega e identificamos algunas posibles razones por las que se deseaba construir esa narrativa. Luego nos enfocamos en la necesidad de que ella no permitiera que esa retroalimentación la apagara por completo. No solo era perjudicial para ella, sino también para otros que perderían la oportunidad de aprender de ella.

- Como miembros de comunidades diversas, necesitamos amplificar audazmente nuestras voces cuando surjan oportunidades, sin temor a ser percibidos como «acaparadores de espacio». Dejé ese miedo a mitad de mi recorrido cuando comencé a reconocer el poder de la autopromoción. Años antes de que el «*elevator pitch*» se convirtiera en una necesidad de marca, decidí tener siempre un guion listo ante cualquier oportunidad de resaltar mi valor para la organización. Invertí tiempo en detallar las habilidades que había adquirido y ensayar cómo me promocionaría ante los líderes con confianza y facilidad.

No conformarnos con que los líderes inviertan mínimamente en nuestro crecimiento o en abrirnos camino hacia nuevas oportunidades:

- Si no estamos recibiendo el nivel de inversión que necesitamos en nuestro desarrollo, debemos considerar si estamos siendo demasiado complacientes al dejar de responsabilizar a nuestros líderes y organización respecto a brindarnos oportunidades de crecimiento. Todos deberíamos esperar que nuestros líderes inviertan en nosotros, así que hazte estas preguntas: ¿Te están seleccionando para participar en programas de desarrollo dentro de tu organización? Si es así, ¿estás invirtiendo en ti misma para aprovechar al máximo esos programas o eres una participante pasiva? Si no te están seleccionando, ¿tienes claridad sobre por qué no? Y ¿tendrías la iniciativa de involucrarte más con tu líder para asegurarte de ser seleccionada en el futuro?

Elegir tomar una postura inactiva cuando te devalúan:

- A veces, la historia que alguien cuenta sobre nosotros puede convertirse en una narrativa que define nuestro valor si no tomamos el control de ella. En algunos casos, la acción es visible y obvia: un líder que se niega a impulsar nuestro desarrollo profesional o que intencionalmente pone obstáculos en nuestro avance. En otros casos, se siembran semillas silenciosamente, creando una narrativa sobre ti que podría afectar tu credibilidad y alejarte del éxito. Elegir no abordarlo de manera equilibrada y productiva puede influir negativamente en el curso de tu carrera. Es importante tomar el control de estas situaciones. No dejes estas cosas al azar esperando que desaparezcan.

Preocuparse por ser percibida como demasiado ambiciosa:

- Hay ocasiones en que tenemos metas profesionales a las que aspiramos, pero dudamos en compartirlas con quienes pueden ayudarnos a alcanzarlas, convenciéndonos de que debemos «esperar nuestro turno» en lugar de ser asertivas. Nos preocupa que nos etiqueten como demasiado ambiciosas. No hay absolutamente nada de malo en ser ambiciosa. Todo está bien en dejar que los líderes y nuestra red sepan lo que aspiramos lograr, y demostrar nuestras habilidades para hacerlo. No podemos esperar que los líderes lean nuestra mente. Define tu estrategia para cumplir tu ambición. Identifica qué líderes clave pueden ayudarte a lograr tus metas. Ponlos al tanto.

Cuando no reclamas tu espacio y permites que otros te minimicen, debes hacerte algunas preguntas difíciles: ¿Cuáles son los hechos? ¿Se corresponden con lo que estás experimentando? ¿Cómo te está afectando la situación? ¿Cuánto tiempo estás dispuesta a aceptar ser devaluada tomando una postura

Cuando no reclamas tu espacio y permites que otros te minimicen, debes hacerte algunas preguntas difíciles.

neutral y de inacción? ¿Puedes manejar esto sola o necesitas buscar consejo de asesores de confianza? En un momento de mi carrera, tuve que hacerme todas estas preguntas. Estaba en una situación desafiante, donde necesitaba abordar la falta de apoyo de un líder. Me tomé el tiempo para entender la situación y decidí tomar una postura activa para cambiarla. Necesitaba un enfoque equilibrado, así que busqué orientación de mi asesora y patrocinadora de confianza. No fue un paso fácil, pero sí necesario. Expresé mis preocupaciones al líder, compartiendo el impacto que la falta de apoyo tenía en mí, y ofreciendo posibles soluciones para resolver la situación. Elegí no solo resolver eso para mí, sino también por el equipo que lideraba y el éxito del programa en su conjunto.

El hecho de que ya había construido credibilidad y establecido una marca sólida jugó a mi favor, pero incluso si eres más *junior* en tu carrera, nunca es demasiado temprano para seleccionar a conciencia a tus asesores de confianza. Es importante tomar el control de las situaciones que impactarán tu carrera. Toma una decisión firme de abordarlas de manera equilibrada y productiva. Incluso como empleada *junior*, puedes evaluar tu red actual y hacerte algunas preguntas importantes:

- ¿Tu red se limita demasiado a tu proyecto, asignación o equipo actual?
- ¿Actualmente tienes acceso a supervisores o líderes que tienen una clara marca de influencia?
- ¿Existe la oportunidad de ampliar tu red a través de Grupos de Recursos para Empleados?

Una vez que identifiques a uno o dos líderes que quieras conocer, debes aprovechar las oportunidades enviando un correo introductorio solicitando una breve charla o presentarte en un evento de la empresa, para lograr una breve conexión. Sé proactiva y toma la iniciativa de involucrarte. Eso resulta clave para evolucionar tu carrera y asegurar mentoría y apoyos continuos.

Reconozco que las personas que no forman parte de un grupo subrepresentado dirán que ellas también deben superar cuestionamientos y barreras. Entiendo que todos tienen su propio recorrido y experiencias únicas. Pero la diferencia es que los grupos diversos subrepresentados enfrentan prejuicios que, en última instancia, nos dejan más obstáculos en el camino. La inquietud que sentimos al ser percibidas como demasiado ambiciosas está directamente relacionada con los prejuicios implacables que ya estamos combatiendo. Agregar más a esa larga lista requiere asumir otros riesgos y atraer más atención hacia nosotras, sin saber si puede funcionar a nuestro favor o en nuestra contra.

Elígete a Ti Misma

Como líder global de D&I, mi responsabilidad evolucionó hasta llegar a liderar el Programa Global de Mujeres de Accenture a principios y mediados de la década del 2000. Mientras planificábamos nuestro próximo evento del Día Internacional de la Mujer de Accenture, el comité organizador estaba identificando a mujeres *sénior* para ser parte de él. Durante una de las sesiones de planificación, declaré que iba a moderar el panel principal de ejecutivas. Este iba a ser un evento masivo transmitido en vivo a miles de personas, tanto interna como externamente. Históricamente, el panel solo incluía a mujeres de alto perfil en el negocio, con poca representación de RRHH. En ese momento, yo era gerente *sénior* y aún no había alcanzado el rango de liderazgo. Así que todos se sorprendieron cuando con valor creé mi espacio. Estaba decidida a ser una parte visible de este evento por varias razones. Primero, ninguna latina había sido seleccionada para participar en la transmisión, así que elegí ser esa representación. En segundo lugar, no veía razón por la cual una ejecutiva de RRHH de nivel medio no pudiera ser una parte visible del día. Lo más importante para mi camino, elegí reclamar mi espacio y me di el poder en ese momento. Aposté por mí.

El día del evento, decidí hacer otra declaración mostrando la presencia y el poder de una latina. Cuando me presenté como moderadora del panel, dije: «Hola, Hello... Soy Nellie Borrrrrrrrero». Dejé que esas «r» rodaran con intensidad, pronunciando mi apellido con mi lengua española nativa. No quería «anglificar» mi nombre en un escenario tan grande. Sabía que personas de toda América Latina estarían conectadas a la transmisión, y quería que mi «latinidad» brillara. También quería enviar un mensaje a las personas en todo el mundo, dentro y fuera de Accenture, de que todos debemos estar orgullosos de nuestra herencia.

Al estar en ese escenario con tantas mujeres increíbles, supe que era parte de algo mucho más grande que yo. Me sentí increíblemente empoderada y me encantó cada momento. Sonreí, respiré hondo y comencé a moderar. En lugar de sentarme junto a las panelistas, decidí pararme en el podio y afirmar mi presencia para no desvanecerme en el fondo. Como ejecutivas de muy alto nivel, estaban muy alejadas de mí profesionalmente, tanto que sentí la necesidad de asegurarme de que la audiencia nos percibiera como iguales. Al tomar esa decisión, creé un nuevo estándar para mí misma, así aprovecharía esa posición y reclamaría ese espacio de una manera que dejaría muy poco espacio para las dudas de la gente.

El evento resultó ser un gran éxito. Muchas personas se acercaron para comentar sobre mi desempeño, y especialmente sobre la pronunciación de mi apellido con tanta autenticidad. Algunas decisiones pueden parecer pequeñas, pero lo audaz que fui en ese momento generó un impacto que fue recibido de manera muy poderosa.

A veces, elegirte a ti misma significa:

1. Desafiar la afirmación «siempre se ha hecho así»
2. Crear ideas innovadoras en las que puedas posicionarte para ser vista a través de ellas
3. Decidir cuándo los momentos en que se espera que asimiles lo establecido pueden transformarse, más bien, en oportunidades para generar conciencia sobre tu autenticidad y lo que representas
4. Posicionarte con preparación y desarrollo constante para estar lista y aprovechar oportunidades cuando se presenten o cuando tú misma las crees
5. No ser una observadora pasiva, sino una contribuyente proactiva

Mis acciones ese día trascendieron al día del evento, llegaron a personas que no participaron, enviándome mensajes sobre cómo mi acto sirvió como símbolo de aceptación y orgullo. Después de ese día, comencé a presentarme de una forma muy diferente y fui percibida de manera distinta. Y desde entonces, siempre he pronunciado mi apellido en su forma auténtica en español.

Apuesta Por Ti Misma

Hace varios años, estaba patrocinando un programa de liderazgo en Europa cuando recibí un correo electrónico del COO de ese momento pidiéndome hablar conmigo. Ahora, cuando recibes una solicitud directa para llamar a un COO, dos pensamientos opuestos pueden venir a tu mente: «Uy, ¿qué hice?» o «¡Genial, no puedo esperar a saber por qué quiere hablar conmigo!». Mientras terminaba la sesión de liderazgo, no podía evitar preguntarme si esta llamada sería un momento de «uy» o de «genial». Comenzó la conversación preguntando cómo iba la sesión y agradeciéndome por mi liderazgo. Luego dijo: «Nellie, ahora necesito que vayas a Sudáfrica para ayudarnos a evolucionar nuestro enfoque de diversidad. Eres la persona adecuada para asociarte con los líderes locales». Fue una llamada de ¡GENIAL! ¡Qué gratificante fue haberme posicionado para que el COO me pidiera directamente participar en algo importante para él y para la organización! Sus palabras estaban llenas de confianza en mis habilidades y afirmaban la importancia de mi rol dentro de la organización. No podía esperar para embarcarme en esta oportunidad y tener un impacto positivo en Sudáfrica.

Por experiencias previas en otros países, ya conocía el proceso. Tenía que investigar el país, la historia, la cultura y los desafíos asociados específicamente con la cultura corporativa. El peso de esta responsabilidad no pasó desapercibido para mí como mujer, como latina, como estadounidense. Preparé toda una agenda y volé aproximadamente 15 horas a Johannesburgo. No solo iba a enfocarme en el equipo de liderazgo, sino también a reunirme con personas de todos los niveles. Quería sentir y escuchar a tantas personas como pudiera. Pero también enfrenté un desafío: tenía que trabajar duro para ayudar a los líderes a reconocer y apreciar el valor que podía aportar a su región. Esperaba sus dudas. Podía entender que podrían llegar a cuestionar el valor de mi aporte. ¿Qué relevancia cultural tenía que me posicionara para ofrecer ideas efectivas para resolver los desafíos locales? Así que no fue una sorpresa total que los primeros tres días de mi visita fueran bastante desafiantes. Todos los líderes en mi agenda cancelaron nuestras reuniones. La mujer que me recibió y a mi compañera de equipo, Carolina, se disculpaban continuamente. Pude notarlo: estaba increíblemente avergonzada. Sin embargo, no permití que estos desafíos me derrotaran. En cambio, encontré formas de llenar esos espacios vacíos caminando y simplemente hablando con personas en los pasillos, la cafetería e incluso en los baños. Las conversaciones fueron reveladoras, y me enfoqué en una de las cosas que más disfruto: las conexiones humanas. Aproveché ese tiempo no planeado para ser productiva de otras maneras. Una vez más, decidida a alcanzar mis metas.

Me quedaba un día de visita y sentía la presión de cumplir con las expectativas establecidas por el COO. Necesitaba irme con un plan, una estrategia y acciones propuestas. Esa mañana me desperté y me pregunté: «¿En qué soy realmente buena?» La respuesta: ser valiente y reclamar mi espacio. Ahí estaba el recordatorio que necesitaba. Redirigí mis pensamientos y elaboré un plan coherente con mi marca.

Entré con confianza a ese edificio el último día con una actitud muy diferente a la de mi llegada, decidida a llegar a la oficina del Director General. Al pasar rápidamente junto a la asistente ejecutiva hacia su oficina, ella me llamó diciendo que él estaba en una llamada y no tenía tiempo para reunirse. Miré hacia atrás, le sonreí y le dije: «No hay problema. Tengo tiempo para esperar». Entré a su oficina, tomé una silla y me senté frente a su escritorio.

Él me miró con seriedad, pero también con algo de confusión por haber entrado sin avisar. Terminó su llamada y me preguntó: «¿En qué puedo ayudarte?». Sonreí y le dije: «La pregunta, más bien es: ¿en qué puedo ayudarte yo si me lo permites? Esta noche tomaré un avión y volaré 15 horas de regreso. Puedo usar ese tiempo para pensar cómo decirle a nuestro COO que ningún líder quiso reunirse conmigo mientras estuve aquí, o puedo usar esas 15 horas para trabajar en la estrategia que tú y yo diseñemos para ayudarte a brillar, evolucionar nuestro enfoque de diversidad localmente y crear mayores oportunidades para nuestra gente». Hice una pausa para que mis palabras calaran antes de continuar: «Ahora mismo la decisión es tuya».

Por la expresión en su rostro, supuse que nadie le había hablado tan directamente antes. Aunque normalmente dejo que esos silencios incómodos se asienten, decidí agregar otro matiz a la conversación diciendo: «Me gusta mucho esa foto de Colin Powell en tu pared. Es un gran ser humano, ¿verdad?», él sonrió levemente y dijo: «Trabajemos en lo segundo. Tengo 15 minutos. . . y sí, Colin Powell es un líder increíble». Pero antes de filtrar lo que iba a decir, me escuché decir: «No, me vas a dar una hora. Eso es lo que necesito de ti». Todavía sonrío cada vez que recuerdo ese momento. Ese solo momento fue la chispa para años de increíble colaboración y amistad.

Sabía desde el principio que, junto con el liderazgo local, tendría un impacto significativo en Sudáfrica. Pero también sabía que necesitaba convencerlos de mi capacidad para aportar valor. Necesitaba planificar, prepararme y demostrar un espíritu de equipo colaborativo. Si hubiera renunciado en esa primera visita sin hacer todo lo posible por ser aceptada localmente, habría cometido un gran error y obtenido una decepción personal. No tenía duda de que, si se me daba la oportunidad de compartir lo que podía hacer por nuestra práctica en Sudáfrica, sería aceptada como líder. Tener esa claridad y fuerte creencia en mí no me dejó otra opción que posicionarme con confianza.

Impulsa Tu Poder

Como parte de mi rol en evolución, me emocionaba expandir mi alcance e incluir a América Latina como mi próxima área de enfoque para aumentar la representación de mujeres ejecutivas. Una de mis primeras paradas sería Brasil, pero durante mi primera llamada con líderes locales, encontré cierta resistencia: «No necesitamos un programa aquí. Tenemos muchas cosas buenas para nuestras mujeres en la fuerza laboral». Yo operaba bajo la conciencia de que nuestro liderazgo global ya había comunicado su compromiso de expandir la representación de mujeres ejecutivas globalmente. Sabía que necesitaba afirmarme, involucrar a estos líderes y convencerlos del increíble impacto que esta iniciativa tendría tanto para las mujeres como para la empresa en general. Sin embargo, el liderazgo local tenía curiosidad sobre cómo posicionar el programa generaría resultados y le preocupaba el impacto en quienes pudieran sentirse excluidos del programa. Estos eran puntos y preguntas justas y esperadas, sobre todo cuando buscamos evolucionar una cultura. Requiere presupuesto, respaldo de liderazgo y un indicador real de que ayudará a reducir o cerrar brechas existentes y hacer avanzar el negocio.

Me asocié con una líder en Brasil. Ella estuvo de acuerdo en que un programa enfocado sería beneficioso para la cultura local, lo que me motivó aún más a involucrarme y liderar. Sabía que esto crearía cierta incomodidad. Decidí aprovechar mi fortaleza: construir relaciones. Me acerqué a dos líderes mujeres en nuestra organización, la CFO, muy enfocada en el avance de las mujeres globalmente, y una miembro de la Junta con raíces en Brasil. Al darme cuenta de que acababa de subir el nivel al asociarme con estas dos mujeres de alto perfil, fui contundente con mi mensaje hacia el liderazgo en Brasil: «Me complace compartir que vamos a tener a dos mujeres increíbles que vendrán conmigo a Brasil, nuestra CFO y una miembro de la Junta. Trabajemos rápidamente en opciones de calendario para confirmar fechas». Casi de inmediato, su asistente me envió un mensaje para programar una llamada.

Cuando hablamos, tenían curiosidad sobre por qué traía a las líderes conmigo en el viaje. Mi respuesta fue: «A nivel global, nuestro liderazgo está comprometido y enfocado en el avance de las mujeres. Como resultado, me estoy asociando con varias líderes *sénior* para hacer avanzar este objetivo». Eso resultó construir un tono mucho más positivo y logró mayor participación de su parte. A veces, necesitamos involucrar a otros líderes para impulsar nuestra credibilidad y que nos ayuden a lograr nuestras metas. Recurrir a estas dos mujeres abrió las puertas de manera más suave y rápida para que yo pudiera crear oportunidades que beneficiaran a nuestras mujeres y a la organización. Una de las lecciones más valiosas que aprendí de esa experiencia fue que a veces necesitas reforzar tu poder pidiendo a líderes influyentes y consolidados que copatrocinen tus iniciativas.

Llegamos a Brasil y encontramos un gran entusiasmo por nuestra presencia y mucha energía positiva entre las mujeres de todos los niveles. Aunque percibí reservas entre algunos líderes masculinos, también había curiosidad. Decidimos dividirnos y conquistar teniendo claros nuestros dos objetivos principales. La CFO y la miembro de la Junta pasaron tiempo con uno de los líderes más *sénior* discutiendo el caso de negocio para nuestra iniciativa de desarrollo de mujeres, mientras que mi rol era dar voz a las mujeres de todos los niveles de la organización para resaltar los desafíos existentes. Hubo mucha participación en esas conversaciones, pero una vez que la CFO y la miembro de la Junta se fueron, me quedé para lidiar con parte de la resistencia original al programa de unos pocos.

Al inicio del primer programa de capacitación en inclusión, me levanté para presentarme ante el grupo de líderes y compartir los objetivos de la sesión. Muchos de los participantes me resultaban familiares, ya que una semana antes me había reunido con ellos. Después de mi introducción, uno de los líderes que más me había desafiado también se dirigió al grupo. Decidió hablar en portugués, idioma que yo no hablaba. Aunque no sabía lo que decía en ese momento, podía ver y sentir claramente el nivel de incomodidad en la sala. Después de unos minutos, le pregunté a la mujer sentada a mi lado qué estaba pasando. ¿Por qué todos hablaban en portugués? Me informó que el líder quería que el curso se impartiera en portugués, aunque todos en la sala hablaban inglés con fluidez. Sus acciones me molestaron porque sabía que no lo habría hecho si la CFO y la miembro de la Junta aún estuvieran presentes. Sin embargo, no mostré mi incomodidad. En cambio, dejé que la capacitación continuara porque sabía que podría revertir la situación en el momento adecuado.

Ese momento llegó cuando alguien hizo una pregunta al grupo en general, y vi que varios de los participantes miraron hacia mí. Rápidamente me puse de pie y dije: «Disculpen. No entiendo completamente la pregunta que hicieron ya que no hablo portugués, pero imagino que probablemente podría ayudar a responderla basándome en mi experiencia y conocimientos, que es la razón por la que estoy aquí». El participante amablemente reformuló la pregunta en inglés, y tuvimos un excelente buen diálogo, con otros sumándose a la conversación. Al finalizar ese intercambio, pude notar el desagrado del líder que había dado la instrucción a todos de hablar en portugués. En respuesta, dije: «Entiendo que nuestra CFO y nuestra miembro del Board ya no están aquí, pero yo sí estoy aquí». Fue una declaración firme, pero necesaria para proclamar mi estatus de liderazgo y poder. Elegí enfocar mi energía donde debía estar, que era en los participantes en la sala.

Asegurar que las mujeres o cualquier grupo demográfico subrepresentado obtengan caminos equitativos para alcanzar el éxito requiere que el liderazgo actúe con la mentalidad de que la diversidad es un acelerador que impacta positivamente en los resultados organizacionales. Estos dos puntos deben estar presentes en toda conversación sobre diversidad:

1. El talento diverso crea una ventaja competitiva en el mercado multicultural y global que siempre está presente.
2. La diversidad, sin duda, impulsa la innovación, aumentando el acceso a nuevos clientes, alianzas y/o socios. En pocas palabras, la diversidad brinda a las organizaciones una ventaja competitiva.

Terminamos ejecutando un programa para mujeres increíble y exitoso en Brasil, ya que el equipo de liderazgo se involucró y apoyó cada vez más la evolución de la cultura. Sabemos que el cambio no es fácil para todos, pero mi experiencia me ha demostrado que quienes no están dispuestos a adaptarse eventualmente ven cómo otros avanzan y evolucionan mientras ellos se quedan atrás, deteniendo finalmente su propio crecimiento profesional. Se necesitan agentes de cambio, y siempre he dado la bienvenida a la oportunidad de asumir ese rol.

Conoce Tu Valor

Existen muchas razones por las que es sumamente importante que nos detengamos y definamos nuestro propio valor profesional. Nuestra comprensión de nuestro valor evoluciona y crece a medida que seguimos desarrollando nuestras habilidades y adquiriendo más experiencia. Pero primero debemos reclamar, abrazar y verbalizar nuestro valor sin pedir disculpas y de manera continua antes de esperar que otros lo reconozcan y respeten. Hacemos esto manteniendo conciencia acerca del diálogo interno que nosotros mismos permitimos y alimentamos. Nos volvemos disciplinados y conscientes respecto a estar siempre preparados y dar lo mejor de nosotros. Sí, existen prejuicios sistémicos. Pero podemos combatirlos eligiendo crear y nutrir nuestro círculo de asesores de confianza a lo largo de nuestra carrera, hablando valientemente para abogar por nosotros mismos y diseñando un camino propio que nos lleve hacia mayores oportunidades. A lo largo de mi carrera, he sido muy consciente del valor que poseo. Eso no significa que no haya tenido dudas en el camino. Pero incluso cuando esas dudas llegaron a mi lugar, la fuerte conciencia de mi valor alimentó mi capacidad para superarlas.

Si bien siempre he entendido la importancia de empoderarme para reclamar mi espacio, también reconozco cómo la energía que me infundieron líderes, colegas y compañeros de equipo jugó un papel en la creación de un entorno donde pude navegar hacia el éxito. Al cerrar este capítulo, quiero compartir una experiencia increíble. Mientras estaba en casa un sábado por la mañana, comencé a recibir múltiples mensajes de texto en sucesión. Venían de mi red profesional hispana en Estados Unidos. Uno era de Cid Wilson, presidente y CEO de la Hispanic Association on Corporate Responsibility (HACR). Decía: «Julie Sweet habló maravillas de ti en la conferencia L'ATTITUDE. Se refirió a ti como su mentora. Felicidades, Nellie, por ser una de las 5 Latinas Más Poderosas y por ser incluida en el Salón de la Fama inaugural».

Ahora, permíteme desglosar esto. Aquí estaban ocurriendo tres cosas importantes. Primero, estaba siendo incluida en el Salón de la Fama de la Association of Latino Professionals for America (ALPFA), lo cual es un gran logro. En segundo lugar, este reconocimiento se estaba anunciando en la conferencia L'ATTITUDE, que se enfoca en la evolución de la comunidad hispana en Estados Unidos y en aprovechar su poder económico. En tercer lugar, la CEO de Accenture, Julie Sweet, quien es una líder global sumamente respetada con reconocimientos increíbles, incluyendo ser la CEO #1 de Forbes, mencionó mi nombre como parte de su discurso. Aunque que Julie comparta públicamente cómo ve nuestra relación profesional es increíblemente gratificante, normalmente no me detengo a experimentar y absorber momentos como estos. Pero sentí que este era un momento que no debía permitirme minimizar. Necesitaba hacer una pausa y regalarme el espacio para absorber el significado del momento: había alcanzado logros que la pequeña Nellie ni siquiera había sido capaz de imaginar.

Mientras atraviesas tus propias experiencias dudando de tu poder, tómate un momento para hacer una pausa, evalúa valientemente lo que está sucediendo y toma decisiones que te impulsen a resolver por ti mismo y a creer en tu poder.

Preguntas para considerar

1. ¿De qué formas estás reconociendo y mostrando tu valor?
2. ¿Cómo puedes empoderarte a ti mismo y a otros profesionales subrepresentados?
3. ¿Cuáles serían las alternativas para desafiar el statu quo y lograr representarte con autenticidad?

CAPÍTULO

4

Elegir Liderar Con Una Mentalidad Inclusiva

«Nellie, estoy tratando de ser mentora de una persona de color, pero no percibo mucho interés o entusiasmo de su parte». Esta es una sensación que escucho a menudo por parte de ejecutivos que eligen ser mentores de empleados de color. Su percepción no me sorprende. Muchos ven la mentoría como una forma de hacer su aporte para lograr la equidad y la igualdad, y ayudar a sus *mentees* (aprendices) a alcanzar nuevas alturas. Se involucran con entusiasmo, mucha energía y grandes expectativas respecto al impacto inmediato que pueden lograr. Así que, cuando esas expectativas iniciales no se cumplen, pueden sentirse rechazados de manera personal o creer que su tiempo no está siendo valorado.

Luego está el otro lado de la relación. Como persona de color en un entorno corporativo, el *mentee* puede sentirse reservado y tener dudas en compartir de inmediato todos los aspectos de sus experiencias profesionales o aspiraciones, sin importar cuán esencial sea la comunicación para construir una relación de mentoría. Dos preguntas cruciales suelen surgir para las personas de color en esta situación: ¿Debería sentirme cómodo compartiendo? ¿Puedo confiar en esta persona? Las respuestas a estas preguntas influyen en nuestro compromiso inicial; un compromiso que puede ser percibido como falta de interés o entusiasmo por parte del mentor.

Muchas personas de color crecimos aprendiendo a no confiar de inmediato en personas fuera de nuestra cultura. Inconsciente o conscientemente seguimos la advertencia interiorizada de «proceder con cautela». Así que, cuando alguien intenta penetrar ese espacio tan bien protegido y privado, recurrimos a estas lecciones y nos preguntamos: ¿Por qué esta persona está interesada en mí? ¿Acaso soy simplemente un elemento de la lista de verificación de «diversidad» para ellos? También estamos reconociendo algunas de nuestras propias experiencias vividas en nuestros entornos corporativos, lo que nos recuerda: microagresiones, aislamiento y/o marginación. Cada una de estas experiencias va minando la capacidad de sentirnos plenamente confiados o de confiar en sus intenciones.

Estas reacciones iniciales dificultan que se genere una conexión natural y fluida de inmediato, aunque a menudo ocurren junto con una fuerte inclinación a recibir mentoría e integrarla en nuestro desarrollo profesional. Como puedes ver, hay mucho por resolver. Una relación de mentoría exitosa requiere de consideración mutua, energía y esfuerzo.

Durante una conversación que tuve con un empleado afrolatino, mencionó que fue seleccionado para participar en un programa formal de mentoría. También tenía preguntas sobre el proceso de selección. ¿El mentor lo había elegido o alguien más los había emparejado? Este es el tipo de curiosidad que experimenta un *mentee* cuando es seleccionado para estos programas. El mentor llegó a la primera reunión muy entusiasmado, detallando con confianza todas las formas en que la organización necesitaba aumentar su diversidad y su compromiso con este objetivo. Sin embargo, el *mentee* tenía ciertas reservas. ¡Boom! Una desconexión inmediata. Aunque ambos estaban ansiosos por comenzar, el *mentee* buscaba asegurarse de que el mentor era la persona adecuada y que estaba realmente interesado en él, mientras que el mentor buscaba demostrar su compromiso con resolver las brechas de diversidad. Cada uno llegó con buenas intenciones, en el carril que consideraban importante para la relación de mentoría. Pero el *mentee* quedó con cierta sospecha acerca del genuino interés del mentor en él como individuo.

Cuando una persona decide invertir en alguien y abrir espacio a oportunidades, siempre debe comenzar desde una conexión humana transparente. Debe preguntarse: ¿Cuáles son las cosas que nos unen y qué intereses tenemos en común?, ¿cómo los aprovecho para conectar inicialmente?, ¿cuáles son nuestras diferencias claras?, ¿cómo podemos reconocerlas?, ¿qué acciones debo tomar para demostrar mi interés genuino en involucrarme? Cuando no se resuelven estas preguntas y que resultan a su vez pasos vitales, se alarga el camino hacia conexiones fructíferas.

Acceso Concedido, Pero Sin Estar Lista

Una tarde, estaba sentada al frente de mi hija, que en esa época era adolescente. Era una típica noche en casa. Ella estaba con las piernas cruzadas en el sofá, concentrada en la bufanda que tejía en crochet, mientras yo estaba a punto de irme a dormir. Sin embargo, algo rondaba por mi mente esa noche, y mi hija, siempre tan a la moda, me pareció la persona perfecta para ayudarme. De pronto, antes de levantarme para dejar la sala, le pregunté: «Ginaly, ¿qué pijamas de marca crees que usan las ejecutivas corporativas? Necesito que me ayudes a elegir una».

Su reacción fue cómica. Giró su cabeza tan rápido que, sin querer, dejó caer la aguja de crochet. La expresión en su rostro era una mezcla de impaciencia e indagación mientras se inclinaba hacia adelante de manera muy exagerada y decía: «Ehh . . . ¿y a qué viene esa pregunta?». Le conté que Pamela Craig, exdirectora financiera de *Accenture*, había invitado a su red local de aprendices a su hermosa casa de verano para cenar y pasar la noche, y luego dar una caminata matutina por la playa. Sonaba increíble y me sentía privilegiada de haber sido incluida. Sin embargo, aunque estaba emocionada por la invitación, también me generaba cierta ansiedad. Serían horas y horas de interacción. Me preguntaba si lograría encajar o cuánto debería empujarme a salir de mi zona de confort para simplemente relajarme y disfrutar de la experiencia. Mientras pasaba esa noche en la sala de mi casa, nos imaginaba a todas nosotras en pijamas, conversando de manera casual y tomando una taza de té en la casa de Pam. Rápidamente caí en la cuenta de que esas mujeres, increíblemente exitosas, probablemente usarían pijamas tan elegantes como su ropa de trabajo. Decidí que era momento de mejorar mi juego de pijamas o, como finalmente me enseñó mi hija: mi ropa de descanso. Al final compré un nuevo conjunto de ropa cómoda, pero eso no terminó con mis ansiedades.

Cuando eres la única persona diversa, o una parte muy pequeña de lo representado en ese espacio, tu voz interna comienza a señalar y a hacer resaltar tus diferencias.

He tenido muchos mentores a lo largo de mi camino. Cada uno ha cumplido con un propósito diferente, y varios han sido influencias clave en mi carrera, pero Pam ha sido una de las más influyentes. Ha sido una aliada increíble y alguien a quien considero una amiga. Sin embargo, nuestro camino ha pasado por distintas etapas; algunas de los cuales ella todavía desconoce. Su estatura parecía increíblemente alta, intimidante e inalcanzable para mí. Mi primera resistencia a nuestra relación no tenía nada que ver con ella como persona, más bien, resultaba un reflejo de mis propias creencias y experiencias. La tenía en un pedestal, y tuve que trabajar sobre las dudas que permanecían en mi cabeza acerca de mi capacidad para relacionarme cómodamente con alguien de ese nivel. Sin falta, antes de reunirme con ella me hacía una gran cantidad de preguntas: «¿De qué voy a hablar?, ¿qué tan preparada estoy para la reunión?, ¿qué voy a llevar puesto?, ¿de qué forma puedo mostrar mi agradecimiento por su mentoría?, ¿cómo hago que valga la pena su tiempo invertido?, ¿cómo respondo a sus solicitudes de tal forma que pueda mostrar mis capacidades?». Y así sucesivamente.

Mi relación con Pam inició a raíz de un interés común. Yo era *junior* en mi carrera cuando la vi hablar en un panel, y me aferré a cada una de sus palabras. Hablaba con una facilidad impresionante y, sin disculparse, defendía la necesidad de hacer más por ver avanzar a las mujeres en los niveles de liderazgo. Como yo estaba involucrada en el tema de la diversidad, la veía como una defensora y aliada fundamental, al compartir un interés común en la agenda de las mujeres.

Me inspiró a imitar su determinación y, de manera proactiva, busqué hacerme tiempo en su agenda. Al principio, veía nuestra relación como una conexión enfocada únicamente en un objetivo común. Sin embargo, una vez que conectamos, me di cuenta de que Pam veía nuestra relación de manera más amplia; eligió expandir nuestro vínculo y jugar un papel más influyente en mi carrera, lo que la llevó a integrarme al círculo de mujeres que ella mentoreaba. La realidad de encontrarme expuesta a ese nivel me intimidó al principio, y sentí la inmediata necesidad de levantar un muro. Estaba fuera de mi zona de confort y no sabía cómo presentarme con Pam de una forma que me permitiera sentirme completamente cómoda. No tenía acceso a algunos de los modelos de mentoría sumamente bien estructurados ni a planes que existen hoy en día, incluyendo planes de diseño de la relación, o las preguntas clave que deben hacerse y consejos para acordar los objetivos que se esperan mutuamente. Eso tuve que descubrirlo por mi cuenta. Con lo que sí contaba era con la seguridad de que compartíamos un objetivo en común, muy importante y relevante para ambas: incrementar la diversidad. Además, también contaba con mis «superpoderes culturales», es decir: mi manera de establecer relaciones y llegar a fortalecerlas.

Hay una dinámica que se da cuando eres incluido de forma selectiva. Puede ocurrir a través de un equipo, el círculo de contactos de alguien, un proyecto, una conferencia, una cena de negocios. . . o una mentoría. Cuando se presentan esas oportunidades y eres la única persona diversa, o una parte muy pequeña de lo representado en ese espacio, tu voz interna comienza a señalar y a hacer resaltar tus diferencias. Ser incluida en el círculo de Pam, con su invitación a la «pijamada», me obligó a relacionarme con muchas otras mujeres increíbles en niveles *sénior*. Era consciente de mis diferencias: «*Soy la única aquí con estas experiencias de vida y referencias culturales. ¿Cómo puedo presentarme de manera segura sin sentirme agotada en el proceso?*». Dentro del entorno corporativo, nosotras, como mujeres de color, no tenemos la libertad que otras personas sí tienen de mostrarse con autenticidad y sin miedo a ser juzgadas o sufrir repercusiones. Estos pensamientos funcionaban como un gran filtro que me hacía estar muy a la defensiva en cada conversación.

No sé si alguna de las otras mujeres sintió esa misma presión, pero para muchas personas de color es una realidad imposible de ignorar. Rumiamos sobre nuestras diferencias y sobre las múltiples formas en que necesitamos protegernos a nivel emocional. Una vez escuché a alguien decir que, cuando eres la única o una de las pocas personas en una sala, puede sentirse como si hubiera un asterisco junto a tu nombre. Sentí el peso de ese asterisco mientras buscaba prepararme para la noche de convivencia, pero también sabía que debía evitar mis propios filtros de duda para poder experimentar un verdadero nivel de comodidad.

Cuando surgían conversaciones que no se relacionaban con mis experiencias de vida, tenía que redirigir mis pensamientos para no caer en sentimientos de inferioridad. Las vacaciones internacionales, segundas o terceras casas, colegios privados, entrenadores personales. . . nada de era parte de mi mundo en ese momento. Sabía que no era intencional por parte de las otras mujeres, pero esas conversaciones me recordaban las brechas que existían entre nuestras experiencias de vida, haciéndome sentir excluida, aunque estuviera incluida.

Pude haber usado esos sentimientos como excusa para cerrarme y no participar, pero elegí asumir la responsabilidad de mis propios pensamientos. Me negué a darles a esas emociones negativas cualquier energía que fuera capaz de disminuirme, decidiendo a conciencia aprovechar la oportunidad que se me había brindado y usarla para crecer. Pam me había invitado a formar parte. Yo debía decidir participar.

En retrospectiva, realmente disfruté esa primera pijamada en casa de Pam, y me alegró mucho haber ido. Recibir esa invitación me causó tantas inquietudes que esperaba cualquier excusa para no asistir, incluso llegué a imaginarme en un pequeño accidente de auto que me impidiera llegar a su casa. Tuve que apartarme de mi propio camino y simplemente permitirme disfrutar y estar de verdad en el momento.

Pam había creado algo muy poderoso, que en ese momento no había comprendido del todo. Reunió a mujeres de varios niveles. Al abrir su casa y organizar eventos informales para nosotras, nos permitió acceder unas a otras y creó un espacio de unión que trascendió en nuestras relaciones laborales. Hubo muchas más cenas y pijamadas en casa de Pam. Las relaciones que forjé a través de esas invitaciones desbloquearon muchas oportunidades increíbles. Me volví menos reacia cuando otros líderes intentaban conectar conmigo y comencé a sentirme más cómoda a través de las experiencias que estaba abrazando. Pam y yo llegamos a viajar juntas por el mundo, priorizando la agenda de las mujeres. Hicimos evolucionar el enfoque de mujeres de color y lideramos varios programas inaugurales de liderazgo femenino, incluyendo una experiencia increíble en Japón. Muchas líderes *sénior* se involucraron patrocinando nuestra agenda global de mujeres. Inicialmente, me resistí a la mentoría de Pam, pero agradezco que haya insistido; eso nos llevó a una relación extraordinaria.

Mentoría: Una Inversión y Una Recompensa

He sido mentora de personas en todo el mundo, y hay algo que siempre ha sido una constante: han sacado el mayor provecho de la relación cuando me he involucrado con valentía en conversaciones que, aunque pudieran resultar desafiantes, también serían necesarias para hacerles crecer y alcanzar sus metas.

Recientemente, una de mis *mentees* de muchos años me contactó para pedirme hablar. Al conectarnos por videollamada, su sonrisa habitual y su actitud alegre fueron reemplazadas por una expresión de preocupación palpable. «Nellie, creo que me he puesto en una posición donde tal vez he hecho que mi jefatura cuestione mis habilidades. He estado pensando en esto y estoy convencida de que tal vez no haya forma de redimirme, ya que mi incapacidad para entregar resultados fue muy visible para los líderes más altos». Durante una discusión de alto riesgo y mucha presión con los líderes *C-level* más *sénior*, mi *mentee* no pudo demostrar su experiencia ni lograr que los líderes llegaran al resultado deseado, y se sintió alterada y derrotada.

Siempre les he dicho a mis *mentees* que me llamen si alguna vez se encuentran dudando de su valor para la organización y si realmente pertenecen ahí. Hay dos razones para esto: primero, les aconsejo que nunca acepten un nuevo trabajo solo para huir de algo. Más bien, que corran hacia algo que valga la pena y que hayan pensado bien. Y segundo, quiero tener una conversación acerca de cómo puedo ayudarles a quedarse. Mi *mentee*, siguiendo mi consejo, habló sobre su proceso de pensamiento y su creencia de que su carrera había tropezado con un obstáculo demasiado difícil de superar. Compartió su plan de pasar desapercibida por un tiempo y simplemente hacer su trabajo mientras buscaba activamente oportunidades externas.

La escuché sin interrumpir, dándole la oportunidad de contar toda su historia, pero también para que se escuchara a sí misma en voz alta. Una vez que terminó, le dije: «Gracias por compartir esto. Siento que hayas tenido esta experiencia, y sé lo mal que te sientes. Te conozco desde hace más de una década y sé que esta experiencia no te define a ti ni todo lo que has logrado». Entré en modo mentora con el objetivo de ayudarla a ver cómo salir de la situación. Necesitaba ser comprensiva pero asertiva, mientras la desafiaba con preguntas que la llevaran a la decisión correcta. Yo veía su valor y quería que ella también lo viera. No quería que se rindiera y se fuera. No era la respuesta correcta para ella ni para la organización.

Comencé con estas preguntas: ¿Cuánto has trabajado para llegar a tu nivel?, ¿qué tan decepcionada y molesta contigo misma estarás si eliges guardar silencio sin defenderte?, ¿aconsejarías a otras mujeres que no aboguen por sí mismas en una situación similar?, ¿por qué elegirías no corregir con valentía lo que salió mal?, ¿cuáles son las lecciones potenciales que puedes obtener de esta experiencia?, ¿por qué no compartir esas lecciones aprendidas con tu jefatura?, ¿por qué elegirías huir?

Pude ver su incomodidad con todas mis preguntas, pero eventualmente su sonrisa volvió a aparecer. «Nellie, esto es difícil y agotador, pero tus preguntas son acertadas».

Sonreí y respondí: «¿Desde cuándo has tomado el camino fácil? No empieces ahora solo porque cometiste un error visible». Continuamos nuestra conversación y finalmente llegó a la conclusión de que abogar por sí misma era la única respuesta con la que realmente se sentiría bien. Reconoció que no hacerlo le quitaría parte de la marca que había construido para sí misma.

La mayoría de nosotros enfrentamos momentos en los que sentimos que hemos cometido un error que limita nuestra carrera. Se siente terrible, y nuestra primera reacción puede ser decirnos que es hora de buscar otro trabajo y considerar irnos. Las relaciones de mentoría deben llegar a un nivel donde los *mentees* puedan ser transparentes con lo que sienten, e incluso vulnerables en algunos casos. Deben llegar a un punto donde el mentor pueda desafiar los pensamientos o decisiones del *mentee* si estos no se alinean con claridad con aquella persona que han formado. El rol del mentor es guiar a los *mentees;* no solo en las conversaciones agradables y fáciles, sino también en las difíciles, donde se les impulsa a ver el panorama completo, incluido el impacto de sus acciones y pensamientos. A veces, somos rápidos para juzgar, pero si operamos con la mentalidad de juzgar menos y mentorear más, podemos tener una increíble influencia en sacar la magia que cada persona tiene para ofrecer. Hay dos preguntas siempre presentes cuando las organizaciones piensan en la mentoría:

1. ¿Los mentores deben ser del mismo origen o de alguno similar al de su *mentee*?
2. ¿Las relaciones de una mentoría orgánica son más efectivas que las combinaciones prescritas a través de programas diseñados?

Como muchas organizaciones, en Accenture también creemos que la mentoría brinda a nuestra gente las herramientas y recursos necesarios para mejorar su desempeño, alcanzar sus metas y crecer dentro de la organización. Al considerar enfoques para brindar acceso de mentores a personas diversas, reconocemos que los mentores y *mentees* pueden tener conexiones más fuertes de inmediato cuando comparten experiencias similares. Sin embargo, también reconocemos que se pueden formar relaciones de mentoría sólidas sin tener esas experiencias en común. En última instancia, cuando los mentores se enfocan en desarrollar el talento, brindar mayor alcance, fomentar el empoderamiento y abordar brechas, motivan a los *mentees* a alcanzar su máximo potencial.

Conviértete En El Mejor Aliado Que Puedas Ser

Interceder por los demás siempre me ha resultado algo natural, por eso liderar *Inclusión y Diversidad* durante más de tres décadas fue el camino perfecto para mi carrera. Como profesional de la diversidad, siempre he entendido la responsabilidad de abogar por todos los grupos subrepresentados. Muy temprano también reconocí el papel crítico que desempeñaba como aliada de otros. Necesitaba interceder estratégicamente por el cambio, a partir de ser una aliada efectiva y valiente. Sabemos que la mentoría y el patrocinio son recursos fundamentales en la carrera de una persona, y creo que interceder y ser aliado debe recibir la misma importancia. Ambos son esenciales para crear una cultura más inclusiva y avanzar hacia la igualdad.

Mucha gente pregunta: «¿cómo puedo ser un aliado efectivo?». Me encanta esta pregunta porque indica un deseo genuino de marcar la diferencia, no solo de llevar la etiqueta de aliado por beneficio personal. No hay un consejo único que pueda dar, ya que cada uno llega a este espacio desde diferentes puntos de partida. Pero hay algunas conversaciones internas que podemos tener para prepararnos mejor y enfrentar algunas creencias erróneas que pueden obstaculizar la alianza.

Creencia errónea #1: «No creo en la necesidad de aliados oficiales. Cada persona debería simplemente comportarse de manera que apoye a todos». Este pensamiento no es realista. Si bien entiendo el sentimiento detrás de este comentario, la desafortunada realidad es que no todas las personas se comportan de una manera en la que apoyen a todos. Todos necesitamos aliados. Al reconocer la necesidad de aliados, debes entender cómo y por qué las personas y comunidades se benefician de ellos, incluyendo por qué es necesario para la evolución de la cultura corporativa. Los aliados abren puertas y sirven como conductos para el cambio cultural en beneficio de quienes históricamente han sido desfavorecidos. Son clave para lograr la igualdad a través de su papel en la defensa de la inclusión. Muchas veces, son la voz de quienes saben que es demasiado riesgoso abogar por sí mismos. Pueden impulsar el cambio a través de sus roles y redes. Piensa en las razones por las que quieres ser aliado y encuentra la fuerza que impulsa esa decisión.

Creencia errónea #2: «No puedo ser un buen aliado de comunidades que no entiendo o cuyas experiencias de vida no me resultan cercanas». Esto es totalmente falso. Educarte sobre esas diferencias puede ser de gran valor, si lo haces con intención. Elige a la comunidad o comunidades a las que deseas servir como aliado y aprende acerca de los desafíos que históricamente han enfrentado. Hoy tenemos mucha claridad sobre los grupos que experimentan injusticias sociales o prejuicios que se trasladan al lugar de trabajo. No hay misterio sobre qué grupos son los más afectados en varios países. ¿Cómo nos educamos? Simple: investiga en medios, artículos, libros e informes, y busca miembros de las comunidades afectadas para comprender mejor. Las conversaciones son poderosas; permanecer desinformado es lamentable.

Además, familiarízate con los desafíos más urgentes que existen hoy. Luego piensa cómo te ves participando. Identifica realísticamente el nivel de tiempo que puedes comprometerte como aliado e identifica formas de infundir la alianza en tu rol y responsabilidades más amplias.

Creencia equivocada #3: «Soy una sola persona. No puedo impactar de manera significativa». ¡Sí, sí puedes! El impacto de una sola persona se extiende a miles. Identifica el nivel de impacto que deseas tener en la comunidad. Considera si ese impacto es la mejor manera de servir a la comunidad y pregúntate qué pasos debes tomar para asegurarlo.

Ser un aliado también requiere que te conviertas en un constante aprendiz. Esto es fundamental para navegar a través de los errores que pueden ocurrir a medida que evolucionas en tu papel de aliado. Podemos entrar en este rol con solo pensamientos positivos y aun así decir o hacer algo que contradiga esas buenas intenciones. Podemos, por error, hacer una suposición incorrecta o no usar la terminología adecuada. Puede que no sepamos qué decir o cómo ayudar en un momento de crisis para la comunidad. Estas circunstancias pueden hacernos sentir como aliados incómodos en el momento, pero no podemos dejar que eso nos aparte del objetivo mayor. A veces, simplemente tienes que reconocer que cometiste un error o que no sabías cómo ayudar. Debes estar dispuesto a asociarte con la comunidad y con las personas dentro de ella para aprender y crecer. Al echar mano de tu red, y de tu poder e influencia, tienes la capacidad de involucrarte de manera significativa.

Como mujer heterosexual y persona de color, tengo una buena idea del tipo de alianza que se requiere dentro de estas comunidades. Y, aunque no tuve las experiencias de vida de personas con una orientación sexual o identidad diferente a la mía, sí tenía un fuerte deseo de apoyar a la comunidad. Entendí desde el principio que deberíamos tener un entorno donde todos puedan sentirse libres de presentarse como son. También sabía que quería dejar atrás esa narrativa de «tolerar» a la comunidad, y en cambio: abrazarla y celebrarla. Una vez escuché a alguien decir lo siguiente: «Como seres humanos, queremos ser aceptados en cinco entornos importantes: nuestra familia, nuestra comunidad, nuestras instituciones religiosas, nuestras escuelas y nuestro lugar de trabajo». Yo también agregaría nuestro círculo de amigos a esa lista. Reflexioné sobre ese pensamiento por un tiempo, preguntándome qué poder tengo para ayudar a la comunidad a sentir aceptación e inclusión general. ¿Dónde residían mi poder e influencia? Si bien no podía controlar las creencias de la familia, instituciones religiosas, escuela, comunidad o amigos de una persona, sí podía tener un impacto en cómo hacer evolucionar la cultura de mi lugar de trabajo. Esa conciencia me impulsó a abogar por la comunidad en un momento en que la mayoría de las organizaciones no daban la bienvenida a este movimiento.

A mediados de los 90s, decidí que era hora de que nuestro enfoque de diversidad fuera más allá de las mujeres y las minorías étnicas. En ese momento, aún no nos referíamos a la comunidad como LGBTQI+. En cambio, usábamos el término «comunidad gay» casi en voz baja. Incluso la palabra «lesbiana» apenas se usaba en el entorno corporativo. El nivel de comodidad y comprensión total de la comunidad simplemente no existía aún, y me propuse a cambiar esto con el mismo nivel de intensidad y enfoque estratégico que con otros segmentos de diversidad.

Fue entonces cuando descubrí la interseccionalidad de los segmentos diversos, reconociendo también la singularidad de cada uno. Al enfocarme en esta comunidad, hubo momentos reveladores y curvas de aprendizaje significativas. Cada hito trajo oportunidades para hacer evolucionar nuestro apoyo a la comunidad.

Paso 1: Busca el apoyo del liderazgo

Decidí ir directamente a la cima y pedí reunirme con nuestro CEO de ese momento para hablar sobre el estado de nuestros esfuerzos de diversidad. Me sentía cómoda haciéndolo porque habíamos viajado juntos en una visita a Florida A&M University, una de nuestras HBCUs objetivo, y podía aprovechar la familiaridad construida en ese viaje. Él aceptó amablemente la reunión, la cual concluí con una declaración de que era hora de ir más allá de las mujeres y las minorías étnicas. «Quiero expandir nuestro programa para incluir a la comunidad gay». Silencio. Esperé su respuesta. Pude ver que estaba contemplando mis palabras, mientras se giraba y miraba por la ventana. En vez de interrumpir sus pensamientos, me volteé a mirar en la misma dirección. Luego miró hacia su escritorio. Yo hice lo mismo. El silencio se sintió eterno. Pero, en ese momento, aprendí el poder de sentarse en una situación incómoda, no romper el silencio y permitir que la otra persona procese sus pensamientos.

Finalmente pude exhalar cuando lo escuché decir: «Nellie, ¿estás tratando de decirme que eres lesbiana?». La pregunta me sorprendió, pero de inmediato sentí que venía de un lugar de preocupación. Si lo fuera, sentí que quería entender cómo apoyarme mejor. Respondí: «No. Estoy tratando de asegurarme de que apoyemos a esta comunidad, y podemos ser una de las primeras empresas en dar un paso adelante y propulsar ese cambio». Continuamos con un diálogo lleno de muchas preguntas.

Dos semanas después, él se comunicó conmigo y dijo: «Nellie, adelante, incluye esto como parte de nuestro programa de *Diversidad*». Mi papel de aliada y defensora había logrado un gran primer paso.

Muchas veces, es difícil acceder a los líderes, o puede parecer intimidante acercarse. Yo era *junior* en mi carrera cuando lo hice. Pero entendía lo que me impulsaba: la necesidad de un cambio cultural. Cuando pienses en acercarte a los líderes, pregúntate qué te impulsa; ¿por qué es importante para ti?, ¿cómo te beneficiará a ti y a la organización? Una vez que tengas esa claridad, sentirás el impulso interno para avanzar, sabiendo a qué o a quién estás ayudando. Ten tu historia y tu argumento listos. Acércate, pide un espacio y deja que tu intención te guíe.

Paso 2: Conéctate con la comunidad

En mi entusiasmo por empezar rápido, cometí un gran error inicial. Me acerqué a un colega y le pedí una reunión sin avisarle de qué se trataba. Cuando entró a mi oficina lo recibí con una gran sonrisa. Él me devolvió la sonrisa y dijo: «¿Qué pasa, Nellie?».

Muy entusiasmada le dije: «¡Tengo buenas noticias! Tengo apoyo para expandir nuestro Programa de Diversidad e incluir a la comunidad gay. Realmente agradecería que me ayudes a entender qué necesita la comunidad y cómo priorizar nuestro enfoque programático». Sentí que mi respiración se aceleraba por la emoción. Él, en cambio, me miró perplejo. Después de unos segundos, dijo: «Suena bien, Nellie. Pero ¿por qué me pides ayuda a mí?». Sin pensar bien mi respuesta, dije: «Porque tú conoces mejor a la comunidad que yo». ¡Dios mío! Rápidamente se hizo evidente que me había metido en un lío al actuar según la interpretación de otra persona sobre su identidad o asumir que estaría dispuesto a hablar del tema. Traté de recuperarme preguntando si conocía a alguien más familiarizado con la comunidad que pudiera ayudarme. Pero realmente me sentí terrible.

Varios días después, regresó a mi oficina y cerró la puerta detrás de él. Estaba preparada para aceptar lo que quisiera decirme, pero en cambio, dijo: «Nellie, no estoy completamente fuera del clóset, solo para unas pocas personas. Tu solicitud me tomó por sorpresa, pero también me recordó los cambios que necesitamos hacer para que las personas dentro de la comunidad se sientan aceptadas, seguras y bienvenidas». En los años siguientes, terminó siendo un líder abierto y eficaz en la defensa de la comunidad. Hubo muchas personas increíbles a las que recurrí, incluyendo a Richard Clark, quien ya estaba en camino de ser un líder abierto. Era valiente y estratégico respecto a nuestras metas internas y la colaboración con organizaciones externas. Nuestras estrategias colectivas marcaron el inicio del camino implacable que emprenderíamos para ser líderes corporativos globales.

Buscar miembros de las comunidades para ayudar a liderar los esfuerzos siempre es un buen enfoque. Hacer suposiciones a través de nuestros propios lentes o los de otros no lo es. Otra realidad para tener en cuenta es que, incluso si sabes con certeza que una persona representa a una comunidad o demografía, eso no significa que quiera o desee ser un participante activo o visible en la evolución de la comunidad o demografía que representa. Cada uno tiene su propio recorrido y nivel de comodidad sobre si quiere o no ser portavoz.

Paso 3: Aprende y actúa

Tenía mucho que aprender sobre la comunidad gay y lesbiana, y otras comunidades fuera de mis experiencias de vida. Por suerte para mí, muchas personas dentro de la comunidad estaban dispuestas no solo a corregirme cuando era necesario, sino también a enseñarme.

Estaba en la agenda para hablar en una gran reunión de liderazgo. Era mi primera vez hablando sobre la comunidad gay y lesbiana, y con orgullo me paré en el escenario y hablé sobre una diapositiva que reflejaba nuestras prioridades de diversidad en evolución. En la diapositiva, en un color y fuente muy llamativos, puse el término «Preferencia sexual». Quería que se destacara que ahora incluíamos la «preferencia sexual» como un área de enfoque. Luego repetí el término varias veces, destacando nuestro enfoque propuesto. En ese momento, era una frase común en las pocas discusiones corporativas sobre la «comunidad gay». Salí del escenario sintiéndome muy realizada, sin idea de la importante lección que estaba a punto de aprender.

Vi a uno de los participantes acercarse rápidamente desde el rabillo del ojo. Dijo: «Nellie, gracias por incluir a la comunidad gay como parte de nuestro enfoque de diversidad, pero para nosotros, el término «preferencia sexual es ofensivo». ¡Auch! Sentí un golpe en el estómago. Continuó: «Es una referencia que debemos eliminar. Es nuestra «orientación sexual. No elegimos ni preferimos ser gays».

Le di un abrazo y le dije: «Gracias por educarme. Si no lo hubieras hecho, habría seguido cometiendo este error una y otra vez. Te prometo que corregiré a toda persona que escuche usar ese término de ahora en adelante». Y eso es exactamente lo que hice. Nunca perdí la oportunidad de corregir a alguien, en privado o en público, cuando surgía la ocasión. Entendí que una gran parte de nuestra responsabilidad como defensores y aliados es compartir lo que hemos aprendido.

Estoy orgullosa de nuestra postura continua en Accenture de: apoyar, abrazar y celebrar a la comunidad LGBTQI+. Seguimos evolucionando con la comunidad a nivel global, reconociendo que hay múltiples facetas y complejidades en las que debemos enfocarnos país por país. A lo largo de mi recorrido como aliada, he seguido aprendiendo y creciendo, a medida que hemos evolucionado para representar a la comunidad más amplia que abarca LGBTQI+. A medida que la comunidad ha evolucionado para aprender de su gente y generar un mayor sentido de inclusión, también ha crecido la necesidad de estar mejor informados. Los aliados tenemos múltiples canales para educarnos, incluyendo el desarrollo de relaciones con miembros de la comunidad. A veces dudamos por miedo a ofender con nuestras preguntas.

Hay formas simples pero impactantes en las que podemos marcar una diferencia significativa para la comunidad LGBTQI+. Por ejemplo, podemos ser más inclusivos en nuestro lenguaje diciendo: «Buenos días a todos» u «Hola a todos», en vez de «Damas y caballeros». En vez de «ustedes chicos» podemos decir «ustedes» o «alguno de ustedes». Podemos reemplazar «tienes novia/esposo?» por «¿tienes pareja?». También podemos evitar hacer suposiciones sobre los pronombres de alguien simplemente compartiendo primero los nuestros o preguntando: «¿Puedo confirmar tus pronombres, por favor?». Estos pequeños pero poderosos cambios nos ayudan a ser mejores aliados mientras trabajamos para crear un entorno verdaderamente seguro e inclusivo para todos.

Además de aprender, ¡necesitábamos actuar! Las organizaciones deben alinear la financiación y los recursos también deben evolucionar a medida que resolvemos para la comunidad, incluyendo el apoyo a organizaciones externas enfocadas en la protección y el avance de LGBTQI+. A principios de los 2000, una de nuestras áreas de enfoque era educar a los aliados; ayudándoles a entender los prejuicios y amenazas hacia la comunidad, y cómo pueden usar sus voces para apoyar. Hoy, esta iniciativa se conoce como nuestro programa L3 (LGBTQI+, Líderes, Lecciones). Evolucionamos de simplemente tener aliados usando gafetes a educarlos más a fondo para resolver cambios culturales concretos que crean un entorno más inclusivo y acogedor.

Durante una de las presentaciones globales de L3 dije: «Si se sienten cómodos, por favor levanten la mano si están asistiendo a este programa como aliados». Muchas manos se levantaron con orgullo. Continué: «Eso es genial. Gracias por ser aliados. Ahora, ¿cuántos están dispuestos a ponerse de pie y compartir una o dos acciones que han tomado en los últimos meses para abogar por la comunidad?». Solo dos personas se pusieron de pie. Hice esta pregunta para resaltar el punto importante de que actuar debe ser parte de la alianza. A veces nuestra alianza es sutil y otras veces es visible, pero cualquiera de los dos formatos puede ser de impacto. La pregunta generó mucha conversación.

Hay varias formas, ya sean sutiles o visibles, en que la alianza puede manifestarse. Un aliado puede ser cualquiera de los siguientes:

- Un Aliado Incómodo quiere ayudar a alguien o a un grupo, pero no quiere cometer un error diciendo o haciendo algo incorrecto y, sin querer, ofender en vez de ayudar.
- Un Aliado Valiente interrumpe instantáneamente y en público para abordar un sesgo. Detendrá a alguien que continúe con cualquier tipo de lenguaje, broma o comportamiento ofensivo.
- Un Aliado Informado busca aprender todo lo que pueda sobre los desafíos que enfrentan quienes están dentro de la

comunidad o comunidades que apoya. Es consciente de sí mismo y entiende cuánto más necesita aprender.

- Un Aliado Franco está comprometido a generar cambios dentro de la cultura desafiando prácticas y políticas que impactan negativamente a la comunidad o comunidades que apoya. Usa su voz para priorizar el enfoque y el compromiso requeridos para asegurar recursos y exigir responsabilidad para lograr el cambio.
- Un Aliado Pasivo, aunque no sea tan activo o franco, sigue siendo un aliado importante para la comunidad. Su representación sutil de apoyo puede animar a otros a convertirse en aliados y mostrar un espacio acogedor para la comunidad.

Paso 4: Mantén el enfoque

Como aliada, he entendido que el progreso no significa que puedas reclamar pequeñas victorias y seguir adelante. Las victorias pueden seguir siendo cuestionadas, creando la posibilidad de que haya retrocesos y disminuya el progreso logrado hasta la fecha. Por esta razón, nuestra alianza sigue siendo esencial para una cultura inclusiva. Pero también significa que debemos continuar identificando formas de evolucionar el apoyo organizacional para abordar desafíos existentes y nuevos.

Nuestro programa se globalizó gracias al liderazgo de nuestro equipo ejecutivo y muchos líderes que posteriormente asumieron el patrocinio global de esta comunidad. Todos actuamos con la conciencia de crear un entorno de aceptación e inclusión, mientras éramos a su vez conscientes de la gran responsabilidad de mantener seguros a los miembros de la comunidad LGBTQI+, especialmente en países donde las condiciones eran más desafiantes. Cada vez que visitaba un país, procuraba incluir el enfoque LGBTQI+ para apoyar y conectar con la comunidad. Durante una de mis visitas a Singapur, me reuní con miembros de la comunidad para hablar sobre el progreso logrado hasta la fecha, los desafíos específicos del país y nuestras metas internas. Uno de los miembros llevó un hermoso pastel a la sala de conferencias y me pidió que lo cortara. Era un pastel arcoíris, representando la diversidad de la comunidad. Rápidamente corté todo el pastel. Luego procedí a llevar rebanadas a las oficinas de las personas, presentándome y compartiendo el significado del pastel. Tuve muchas conversaciones maravillosas y reveladoras durante cada una de esas reuniones improvisadas, mientras comíamos mucho pastel delicioso. Pero lo verdaderamente poderoso de ese día fue hermoso: fue un ejemplo de verdadera alianza. ¡Encuentra tu ventana, encuentra esa oportunidad, aprovéchala y mantén esa conversación en movimiento!

Una Cultura De Pertenencia

En Accenture, queremos que nuestra gente opere desde un lugar de ser «verdaderamente humanos», lo cual siempre es un trabajo en constante evolución. Cuando escuché el término por primera vez, quise examinar de qué forma me estaba mostrando como líder verdaderamente humana. ¿Eso significaba ser amable, cortés y comprensiva todo el tiempo? Para mí, involucrarme de una manera verdaderamente humana ha significado interrumpir respetuosamente cuando se ha requerido para provocar el cambio necesario y hacer evolucionar la cultura. También significa que nuestra gente debe sentirse vista, escuchada, segura y valiente. Ha significado buscar entender cómo liderar con una mentalidad constantemente inclusiva. El mentorazgo, la defensa y la alianza llevan a que nuestra gente sienta el apoyo necesario para experimentar un entorno verdaderamente humano y una cultura de pertenencia.

Preguntas para considerar

1. ¿Estás aceptando abiertamente oportunidades para ser mentoreado/a?
2. ¿Qué tipo de aliado eres?, ¿Incómodo, Valiente, Informado, Franco o Pasivo?
3. ¿De qué manera puede expandirse tu rol de mentor para poner tu red a disposición de tu *mentee* y así ayudarle a acceder a nuevas oportunidades y reconocer desafíos únicos relacionados con la diversidad?

CAPÍTULO

5

El Tira y Afloja De Las Demandas Personales y Profesionales

La vida sucede, y en muchos casos, se nos exige aceptar los contratiempos y seguir avanzando, reconociendo pausas no deseadas. No importa cuánto intentemos que se mantengan separados, pero los desafíos de nuestra vida personal a menudo se filtran en nuestra vida laboral. Yo guardo el peso de mi vida en una bóveda cerrada a la que solo unos pocos muy selectos tienen acceso. Dentro de mi cultura, existe un estigma sobre ser percibido como débil. Se cree que mostrar cualquier debilidad abre la puerta para que otros aprovechen esos momentos y nos pongan en desventaja. Para las comunidades de color, no hay margen de error, así que a menudo mantenemos esa bóveda cerrada y seguimos adelante sin recibir ayuda que, de otro modo, podríamos beneficiarnos.

Siempre planifiqué y busqué posicionarme para obtener los hitos que aspiraba alcanzar. Pero en esa planificación, no incluí ni preví el divorcio, la crianza en solitario, la enfermedad o la pérdida de un ser querido como eventos capaces de detener abruptamente mi ritmo a lo largo de mi camino. Tampoco hice planes respecto al impacto y la disrupción que puede conllevar una pandemia global. No incluí el nivel de energía emocional que se necesita para presentarse con plenitud en lo profesional, cuando a nivel personal hay agitación y dolores internos.

Para mí, las lecciones que aprendí en el camino han sido invaluables. Cada uno maneja sus desafíos de manera diferente, pero he encontrado cercanía al hablar con mujeres de color. Constantemente mostramos una fachada de fortaleza incluso cuando sentimos agitación por dentro. Hay una presión que nos imponemos para no parar y cumplir nuestras metas con persistencia, e incluso con una terquedad implacable. No importa lo que se nos presente, seguimos adelante para lograr nuestras metas profesionales, vivir nuestros sueños y los de nuestros antepasados, mientras proveemos para nuestros seres queridos. Pero lo que he aprendido a lo largo de los años es que tengo que soltar esas presiones que me impongo. No podemos seguir presentándonos, ignorando los efectos de estas presiones, sin considerar nuestro bienestar y su impacto en nuestra salud mental.

Mi Nueva Etiqueta, Percibida Como Algo Negativo: Divorciada y Madre Soltera Trabajadora

El divorcio rara vez es fácil. Trae consigo una sensación de pérdida y duelo, a veces acompañada de culpa e incluso duda. Sentí todas estas emociones al disolver un matrimonio de 12 años. Aunque ambos nos habíamos desconectado un par de años antes, me vi obligada a reconocer el fracaso de lo que se suponía que sería una sociedad de por vida. Dos buenas personas necesitaban tomar caminos diferentes.

Fue un golpe duro, pero incluso en medio de mi dolor, estaba decidida a priorizar el bienestar de mi hija de 9 años, Ginaly. Yo sería su principal apoyo y sustento, así que tener una carrera exitosa se volvió más importante que nunca. Sentí mucha carga por ese cambio en mi vida. Me había convertido en parte de una estadística en la que nunca soñé estar. Estaba navegando emociones intensas y desconocidas, mientras sentía la increíble necesidad de tener éxito profesional. Me puse mucha presión para compensar lo que creía que mi decisión le había quitado a mi hija: una familia tradicional y toda la seguridad percibida que viene con eso. Surgió el nuevo reto de resolver el cuidado infantil mientras manejaba un calendario lleno de viajes de trabajo, reuniones muy temprano por la mañana y compromisos laborales por la noche. Sin mencionar el impacto financiero de manejar todo por mi cuenta. Se convirtió en una conversación interna persistente y ruidosa que ocupaba mucho espacio en mi mente, dejándome exhausta y emocionalmente drenada.

Cuando enfrentamos este tipo de eventos disruptivos en la vida, debemos recordarnos a nosotros mismos y a los demás que nuestras nuevas circunstancias no significan que seamos «menos ambiciosos o comprometidos» con nuestras carreras. De hecho, nuestras aspiraciones profesionales pueden verse aún más amplificadas dadas nuestras nuevas circunstancias y responsabilidades. Sin embargo, la realidad es que, aunque definitivamente podemos alcanzar nuestras metas, el tiempo puede necesitar ajustarse. Nuestra flexibilidad y disponibilidad pueden verse temporalmente afectadas, y puede haber momentos en que nos encontremos diciendo no a oportunidades o eventos a los que normalmente habríamos dicho que sí sin dudarlo. Esos momentos pueden sentirse terribles, especialmente si nos enfocamos en la sensación de estar perdiéndonos algo. Pero esos son los momentos en los que estamos gestionando responsablemente las prioridades de nuestra nueva realidad. Navegar el cambio con éxito puede requerir conversaciones difíciles con las jefaturas sobre nuestras circunstancias en movimiento y nuestros planes para resolverlas.

A pesar de pasar un año entero preparándome financiera, emocional y físicamente para este nuevo capítulo en mi vida, siempre fue una transición muy dolorosa. La primera vez de hacer cualquier cosa por mi cuenta: cumpleaños, días festivos e incluso atender la luz de advertencia de cambio de aceite en mi auto me hacían llorar. También estaba muy vulnerable en ese momento. Estaba constantemente estresada, y eso no pasó desapercibido para un líder en ese entonces.

Sentada frente a él en un restaurante cercano, finalmente revelé que estaba pasando por una separación y no quería que nadie en la oficina lo supiera. Compartíamos un compromiso continuo respecto a aumentar la diversidad. Habíamos establecido una relación profesional de apoyo y empatía mutua que me permitió ser vulnerable y confiar en él como asesor de confianza, incluso sobre este desafío personal.

Él preguntó: «¿Por qué no quieres que nadie lo sepa?».

Le expliqué que me veía a mí misma como una estadística; otra mujer de color cuyo matrimonio fracasó, otra mujer de color que se convertiría en madre soltera. No quería que la gente supiera que algo en mi vida había fallado porque temía que surgieran dudas sobre mi capacidad para cumplir. Después de escuchar con paciencia mi explicación, me aseguró que tenía muchos colegas dispuestos a ayudarme a superar ese momento difícil, solo debía estar dispuesta a pedir ayuda. Pero yo temía que los líderes expresaran opiniones como: «¿Sabes? Ella está pasando por un divorcio en este momento. No estoy seguro de que sea el momento adecuado para que asuma más responsabilidades» o «Dado que recientemente se ha convertido en madre soltera, tal vez deberíamos darle más tiempo para adaptarse y considerar su ascenso en la próxima ronda».

Desafortunadamente, las suposiciones sobre la capacidad de alguien para tener éxito a pesar de los contratiempos todavía ocurren en el entorno corporativo, especialmente cuando se trata de las mujeres. Los líderes deben dar a las personas que experimentan eventos que cambian la vida la oportunidad de dictar lo que puede y no puede funcionar para ellas. Hacer suposiciones sobre sus capacidades o disponibilidad es perjudicial para el ambiente laboral y la cultura organizacional, y simplemente está mal. Ya sea una decisión sobre un divorcio, elegir ser madre soltera, o cualquier decisión considerada fuera de lo común, conllevará la existencia de prejuicios. Y en algunos casos, esos prejuicios pueden impactar considerablemente en las oportunidades.

Todos hemos escuchado el término «se necesita una aldea». El concepto de la aldea es hermoso, una comunidad de personas que se involucran y se extienden para ayudarte a manejar tus obligaciones. Sin embargo, solo puedes cosechar los beneficios de la aldea si eliges pedir y aceptar ayuda. Algunas personas (me incluyo), lo encuentran extremadamente difícil, pero es fundamental para resolver las interrupciones de la vida. Muchos de nosotros nos estremecemos ante la sola idea de pedir ayuda. Podemos creer que pedir ayuda es una señal de debilidad, o que será una molestia para los demás, o que supone ceder el control. Somos conscientes de las etiquetas negativas que se nos imponen, especialmente la de ser menos competentes por la diversidad que representamos. No es de extrañar que tantas mujeres de color tengan dificultades para buscar ayuda. Pero debes reconocer que no pedir la ayuda que necesitas se vuelve perjudicial para todo lo que has logrado y para lo que aspiras lograr.

Aprovechando La Aldea

Me habían programado para liderar un equipo en una conferencia crucial para nuestras metas de contratación diversa a nivel inicial, y requería que viajara. Mi hija tenía 10 años en ese momento, y mi sistema de apoyo habitual no estaba disponible para cuidarla durante los cuatro días del viaje. Necesitaba estar en la conferencia, porque en mi mente, nadie podría liderar como yo sabía que podía hacerlo. Tenía que encontrar la manera de lograrlo.

Escribí un mensaje a mi líder preguntando si podía llevar a mi hija a la conferencia; respiré hondo y presioné enviar. Así, tomé el riesgo de pedir ayuda y no había vuelta atrás.

Pude sentir su incomodidad inicial con la solicitud cuando me reuní con él a la mañana siguiente. No dijo nada durante un buen rato, pero ya sabemos que yo no rompo el silencio incómodo. Finalmente dijo: «Nellie, entiendo tu situación, pero no es algo habitual para nosotros resolver esto. Lo permitiré, pero solo esta vez». Me había animado a pedir este apoyo porque sabía que mi líder era un aliado mío. También sabía que, en mi nuevo rol de madre soltera, tenía que abogar por lo que necesitaba para que mi vida profesional funcionara. Hay poder en saber que tu líder te valora a ti y a tus habilidades. Al entregar resultados de manera constante, te posicionas para desafiar mejor el statu quo debido a tu credibilidad innegable. Y no está de más decir que Ginaly probablemente atrajo más talento que nadie a nuestro *stand*, ya que los estudiantes universitarios conversaban con ella.

Esta fue una de las muchas peticiones que hice durante mis siete años como madre soltera trabajadora. Aunque siempre di todo para asegurar el bienestar de Ginaly, a menudo sentía culpa por alterar su vida familiar. Finalmente llegué a la conclusión que esa fue la mejor decisión que pude haber tomado para ella y para mí.

Me basaba en el principio de que me había ganado la confianza y el apoyo de mis líderes, pero dependía de mí aprovechar eso y pedir con confianza lo que necesitaba, sin importar cuán incómodo pudiera sentirse.

El cambio normalmente no ocurre si la gente no lo pide, y siempre me he sentido cómoda en el papel de agente de cambio. Una excolega, al confiarme sus propios desafíos como madre soltera en el entorno corporativo, dijo que sin importar cuán difíciles se pusieran las cosas, sabía que podría superarlas porque me había visto superarlas a mí. Qué testimonio tan poderoso de la influencia positiva que podemos ser en la vida de otros gracias a las cosas con las que nos permitimos ser transparentes en el trabajo. Cualquiera puede tener tristeza interna, luchas personales, pérdida o dolor. Sin embargo, esperamos que rindan al máximo todos los días. Durante este momento crítico en la vida de mi hija, elegí pedir lo que necesitaba: pedí flexibilidad para trabajar desde casa los días en que ella estaba enferma. Hoy experimentamos más flexibilidad en nuestras culturas laborales que han evolucionado. Pero esto estaba lejos de ser común en ese entonces, y se volvió común para mí pedir lo que necesitaba mientras criaba a mi hija y aportaba valor continuo a la organización. Me basaba en el principio de que me había ganado la confianza y el apoyo de mis líderes, pero dependía de mí aprovechar eso y pedir con confianza lo que necesitaba, sin importar cuán incómodo pudiera sentirse.

La idea de que alguien me hiciera un favor sin que yo se lo devolviera me resultaba completamente ajena. Así como las creencias sobre pedir ayuda invaden nuestros pensamientos, también lo hacen las dudas sobre aceptar ser ayudados: ¿Cómo muestro mi agradecimiento? ¿Cómo puedo devolver el favor? ¿Qué tan rápido puedo demostrar lo agradecida que estoy? A veces, decir gracias y aceptar el favor es suficiente, así que ¿por qué nos cuesta tanto simplemente relajarnos y estar bien con eso? Para mí, es esa creencia persistente de que recurrir al tiempo de alguien equivale a «molestarlo», y ¿a quién le gusta que lo molesten? . . . ¡A nadie! Pero finalmente me di cuenta de que no aceptar la ayuda no solo me estaba perjudicando a mí y a mis metas, sino que también privaba a otros de la oportunidad de aportar en esa parte de mi camino. Así que se requirió un cambio de mentalidad.

Sorpresas Hermosas y Desafiantes

Conduciendo hacia la oficina de Nueva York después de varias semanas de viaje, me encontraba cansada y sentía que me faltaba algo. No podía precisar qué era, pero era una emoción muy fuerte. Me había consumido en todo lo relacionado con Accenture. Mi carrera se había mezclado con mi vida social, lo cual era fácil porque trabajaba con gente maravillosa. Nos encantaba trabajar juntos en la oficina y socializar fuera del trabajo también. ¿Conoces ese dicho: «trabaja duro/diviértete duro»? Éramos excelentes en ambas actividades.

Mientras conducía hacia la oficina, bajé las ventanas para sentir la brisa refrescante. El clima era perfecto y tenía el volumen de la radio a todo lo que daba. Sonaron dos canciones que me recordaron mis días de discoteca con mis amigas en aquellos tiempos. Al sentir la nostalgia de esos días más simples, me di cuenta de que necesitaba volver a conectar con mis amigas fuera de mi círculo profesional; tener momentos no directamente ligados a mi identidad profesional y revivir mis momentos despreocupados con ellas. Para lograrlo, contacté a un amigo y le dije: «Reunamos al grupo para una reunión». En típico modo de planeación estratégica de Accenture, programé una cena para comenzar las conversaciones de planificación del evento. Tenía todos los puntos clave que necesitábamos discutir, un cronograma establecido y en qué enfocarnos para hacer realidad esta reunión. Lo que no esperaba ni tenía en mis planes era hacer una conexión amorosa.

En la mesa, unas semanas después, mis ojos se fijaron inmediatamente en Ken, quien no me gustaba en nuestro grupo de amigos cuando mucho más jóvenes, pero que ahora se veía bastante impresionante con su estilo profesional y elegante. Dicen que la vida está llena de sorpresas y, en ese momento, sentí que estaba experimentando una muy agradable con Ken. Un año después, me entregó un hermoso anillo de compromiso y a mi hija un anillo para el dedo del pie. Fue demasiado tierno. Nos fugamos a los Cayos de Florida donde nos casamos con dos completos desconocidos como testigos: ¡fue perfecto!

Un año después de nuestro matrimonio, estábamos muy bien como pareja. Habíamos encontrado nuestro hogar perfecto y los tres nos adaptamos muy bien. Mi carrera prosperaba y todo estaba alineado. Así que, cuando el médico me dijo que estaba embarazada, y bastante avanzada en la gestación, tuve un momento inicial de pánico. Ken estaba encantado con la noticia, y yo también. Pero esa voz interna empezó a reverberar negatividad, miedo y duda, incluso mientras acariciaba suavemente mi vientre y me enamoraba de mi nuevo hijo.

Demasiadas veces escucho a mujeres decir: «Estoy embarazada, pero creo que esto impactará negativamente mi carrera, así que quiero mantenerlo oculto el mayor tiempo posible». Durante años guié a mujeres en el proceso de tener esta conversación con sus líderes. Las ayudé a pasar de creer que el embarazo afectaría negativamente su trayectoria, y que en confianza celebren esta nueva etapa en su camino. Y, sin embargo, sin importar cuántas veces haya guiado a otras mujeres, me costó aplicar esos mensajes clave a mí misma.

Mi embarazo progresó normalmente hasta los seis meses. Ese momento en que ves un sangrado anormal, el corazón se te hunde y lo único que quieres saber desesperadamente es que el bebé está bien. En ese momento, no importa si alejarte para tener un bebé retrasa un ascenso. No importa que no sepas cómo el tiempo fuera impactará tu carrera. Todo lo que importa es no perder a tu bebé. Me pusieron en reposo absoluto. Escuché fuerte y claro que necesitaba descansar, reducir el estrés y simplemente relajarme para evitar un parto prematuro. Lo que no me quedó claro fue cómo otros definían «relajarse». Me resultaba estresante no estar al tanto de mis proyectos de trabajo, liderar el equipo, revisar presentaciones, escuchar activamente y abogar por las personas. Así que seguí trabajando desde la comodidad de mi sofá en la sala de mi casa. Pensé que estaba siguiendo las órdenes del médico al no ir a la oficina. Luego el sangrado se intensificó. Eso me valió un lugar en una habitación de hospital, ya que perdí el privilegio de trabajar desde la comodidad de mi hogar. Así que hice lo que pensé que era lo siguiente mejor para mantenerme al tanto de todo. Instalé mi oficina en la habitación del hospital. Le pedí a mi esposo que imprimiera materiales y me los trajera cada día cuando venía de visita. Incluso tomaba llamadas desde la cama del hospital, convenciéndome de que estaba relajada. No me perdía de nada en el trabajo y lo tenía bajo control, o eso creía. Estaba en completa negación de que mis acciones pudieran estar afectando mi embarazo porque, en mi mente: ¿qué daño podría hacer enfocarme en el trabajo en vez de ver televisión todo el día, siempre y cuando lo hiciera acostada en una cama de hospital?

Un día, recibí una llamada del líder de Recursos Humanos, en ese momento me alegró mucho escuchar su voz y esperaba con ansias cualquier solicitud que tuviera para mí. Tomé la llamada lista para hablar de plazos y todo lo necesario para entregar. Pero en vez de hacer una solicitud, comenzó la conversación con: «Nellie, me dicen que estás en el hospital».

«Sí, pero lo tengo todo bajo control. He estado tomando llamadas. Hoy mismo presenté en una llamada. Todo está bien». Me sentía realizada. ¡Súper mujer! ¡Lográndolo todo!

«Nellie, el cementerio está lleno de personas reemplazables», respondió para mi sorpresa. «Te llamo para que te detengas».

He dado instrucciones a tu equipo para que no te contacten por temas de trabajo. Necesito que tomes el tiempo que necesites para enfocarte en tu salud y en tu bebé. No más llamadas de trabajo». Estaba furiosa. En mi mente, no era una decisión que le correspondía tomar a él; era mía. Pero, al reflexionar ahora, ¡qué liderazgo tan increíble de su parte! Tan pronto como se enteró de mis acciones, se acercó para compartir sus preocupaciones. La pregunta era: ¿por qué me costaba tanto desconectarme? ¿Qué estaba tratando de demostrar?, ¿y a quién?

Mi hermoso hijo Kenny nació prematuramente y, aunque estuvo en la NICU, todo indicaba que era un bebé muy sano que requeriría poco tiempo allí. Estaba tan agradecida con Dios, los doctores, las enfermeras y todos los que ayudaron a proveerle a mi hijo lo que necesitaba en sus primeros días de vida. Fue difícil dejarlo ahí cuando me dieron de alta, pero Ken y yo regresábamos cada día. Llevaba leche materna que extraía en casa para asegurarme de que estuviera bien alimentado, pero me costaba mucho producir suficiente. La culpa y la presión eran bastante intensas. Quería darle lo mejor, y las pocas onzas que producía no sentía que lo fueran.

Un día, me sentía increíblemente estresada mientras estaba sentada en mi cama extrayendo leche, cuando de repente sentí un dolor agudo en el pecho. Fue tan intenso que casi me caigo de la cama. Al llevar la leche a la NICU, le conté de inmediato a una de las enfermeras sobre el dolor. Ella me hizo un examen manual de seno y me dijo que necesitaba hacer una cita con mi doctora. Dos días después, recibí el diagnóstico de cáncer de mama.

Muchísimas ideas inundaron mi mente: ¿Voy a vivir para ver crecer a mi hijo?, ¿cómo impactará esto a mi hija que está por terminar la preparatoria?, ¿cómo impactará esto en mis padres y mi capacidad de cuidar a todos en mi familia? Me lancé sobre mi esposo llorando incontrolablemente. Él me abrazó y dijo: «Nellie, esto no es lo que hubiéramos querido, pero no es una sentencia de muerte, y lo superaremos». Fueron exactamente las palabras que necesitaba para comenzar mi lucha.

Hubo fases en el proceso de luchar contra el cáncer de mama, incluyendo la aceptación, identificar qué se necesita cambiar y qué debe permanecer igual. Pero me sorprendió completamente una emoción que no esperaba: la vergüenza. Yo era la que resolvía todo, la que tenía el control. Y ahora, necesitaba ayuda. Me daba vergüenza necesitar ayuda y no poder cumplir con las expectativas y roles que yo misma me había impuesto.

Resultó que dar a luz a mi hijo me regaló un renacimiento en muchos sentidos. El tumor había estado en mi cuerpo aproximadamente dos o tres años y no era visible en las mamografías. El hecho de extraer leche materna me permitió sentir el tumor. Mucha gente se acercó durante esa época difícil. Llamaron, enviaron comida e incluso vinieron a cargar al bebé para que yo pudiera descansar. Hubo líderes de Accenture que llamaron para hacerme saber que me extrañaban, sin embargo, cada uno me animó a tomar el tiempo que necesitara, asegurándome que sería bienvenida de regreso con los brazos abiertos cuando estuviera lista para volver. Esas llamadas me dieron una sensación de calma y alivio. Mi mamá, papá, esposo, hija, cuñada, todos se hicieron presentes de maneras que nunca hubiera imaginado. Fui hermosamente levantada, y eventualmente aprendí a dar la bienvenida y abrazar todo eso, liberándome poco a poco de ese sentimiento de vergüenza.

Luego estaban aquellos que me hacían cuestionar sus intenciones. Sus comentarios no solicitados llevaban una línea temática en común, aunque camuflada con un tono de cuidado.

Constantemente escuchaba frases y preguntas como: «Nellie, ahora que tienes cáncer de mama, ¿no debería ser una señal para que bajes el ritmo?».

«Nellie, imagino que después de pasar por este susto médico, pensarías en dejar tu trabajo y quedarte en casa para pasar más tiempo con tu familia».

Por el amor de Dios, ¿en qué ayuda eso? Más importante aún, ¿realmente las personas con intenciones negativas creen que quien recibe el comentario no es lo suficientemente sabio como para darse cuenta? Un susto médico no debe detenerte de soñar o visualizar oportunidades más grandes. De hecho, visualizar a mi familia prosperando y a visualizarme expandiendo mi carrera con energía fue lo que me ayudó a superar mi experiencia con el cáncer de mama. No dejes que nadie apague tu visión basada en sus creencias. Podemos elegir desechar sus opiniones o intenciones negativas.

Casi un año después de mi diagnóstico, regresé al trabajo. Me tomó un tiempo volver a mi ritmo. Mucho había cambiado en tan poco tiempo. ¡Yo había cambiado! Pero hay tanto poder en quienes se encuentran a tu alrededor. Fui animada por mi red cercana, cada uno asociándose conmigo hasta que recuperé mi ritmo y fluidez. Aunque me encantaba estar de vuelta en el trabajo, también anhelaba estar en casa cuidando a mi hijo. Cuando finalmente me abrí en una conversación con una líder mujer, ella me dio un consejo que aún llevo conmigo: «Nellie, tienes que elegir estar bien con saber que te sientes culpable, pero dedicarle energía a la culpa no es útil si te distrae de tu tarea y de estar presente». En otras palabras: mientras estés en el trabajo no dediques energía a sentirte culpable por no estar en casa, y mientras estés en casa, no dediques energía a sentirte culpable por no estar en el trabajo. No se trata de elegir ignorar o no reconocer tus sentimientos de culpa. Se trata de elegir cuánta energía le das para que no te consuma. Permanece presente en tu decisión y en tu situación actual, incluso si tu reacción inmediata es sentir culpa.

Sus palabras llegaron en el momento justo. Apenas unos días antes, yo estaba en la cocina preparando la cena mientras mi hija —que había venido de la universidad por el fin de semana— jugaba con mi hijo en el piso. Después de lo que pareció una semana de trabajo larguísima, me sentía tan feliz de estar en casa y verlos juntos. Aunque era viernes por la noche, tenía mi laptop abierta en la encimera de la cocina y seguía recibiendo correos electrónicos. Cada vez que escuchaba el sonido de un correo nuevo, corría a la laptop a verlo. No importaba lo que estuviera haciendo, si estaba jugando con ellos, mezclando la salsa o escurriendo los espaguetis. Cada notificación exigía mi atención total e inmediata. Después de frustrarse un poco con mi distracción constante, mi hija me dijo: «Mami, tengo una pregunta para ti: ¿estás compitiendo con alguien en el trabajo?». Me pareció la pregunta más ridícula y respondí rápidamente: «¿Por qué dices eso?».

«Bueno, te lo pregunto porque cada vez que suena tu laptop, corres a contestar. ¿Tienes que responder antes que alguien más o algo así. . .? Porque dices que estás presente cuando estás en casa, pero no me lo parece ahora mismo». ¡Wow! Fue difícil de digerir. Me tomé unos minutos para asimilarlo. Tenía razón en muchas cosas, pero especialmente en que no estaba presente y en que quería ser la primera en responder a todo. Recuerdo sentirme tan molesta conmigo misma en ese momento. Podía soportar decepcionarme a mí misma, pero decepcionar a mis hijos era inaceptable para mí. Tuve que preguntarme por qué sentía la necesidad de ser la primera en responder cada correo, y reconocer que, una vez más, todo esto provenía de la creencia de que tenía que hacerme notar un 110 % mejor que cualquier otra persona para probar mi valor. Y para lograr esa meta, una de las formas de demostrarlo era responder rápido sin importar el día o la hora. Básicamente, siempre estaba «en línea». Necesitaba crear límites y poner límites.

La culpa de estar ausente empieza a tomar forma a través de diferentes acciones. Cuando comencé a retomar mis viajes, manejarlo fue un reto constante. Sentía la necesidad de controlar todo lo relacionado con mi hijo cuando no estaba en casa, aunque sabía que estaba en manos muy capaces y amorosas con mi esposo. Comenzó con la creación de agendas codificadas por colores para cada actividad, proyectos escolares o cualquier cosa que requiriera atención. Luego, empecé a dejar bolsitas de regalos para cada día que estaba fuera. Estas bolsas estaban muy bien pensadas y eran sofisticadas. Las decoraba con un tema y las llenaba de juguetes y el snack favorito de mi hijo. El esfuerzo era agotador, pero me hacía sentir mejor por un tiempo. Luego, llegó la noche en que me encontré sentada en el piso de mi sala a las 2 a. m. decorando bolsitas de regalos, a pesar de que tenía un vuelo temprano por la mañana. Sabía que tenía que haber una mejor manera de lidiar con mi necesidad de ser perfecta y estar presente.

Al regresar de ese viaje, Kenny me dijo de manera muy madura: «Mami, ¿puedes empezar a dejarme tarjetas de regalo de *Game Stop* en su lugar?» Y eso es exactamente lo que hice. Cada uno de nosotros tiene que encontrar su manera de abordar cómo se siente respecto a sus decisiones. Tuve que aprender a soltar las presiones que me autoimponía. Me tomó disciplina desarrollar la atención plena para estar presente y estar bien con mis decisiones sobre cómo manejar mis prioridades. Pero fue un cambio decisivo y bienvenido, que todavía hoy procuro integrar de forma consciente.

Elecciones

A medida que tus padres envejecen, empiezas a notar los cambios. Los pasos más lentos al caminar o la lentitud al responder preguntas. Las citas médicas se vuelven más frecuentes y te encuentras tratando de integrarlas en tu agenda. Luego llega el día en que tu padre se enferma y tu vida se ve alterada mientras intentas manejarlo todo.

Mi padre falleció a las dos semanas de ser hospitalizado. Durante esas dos semanas, tuve que enfrentarme a un territorio desconocido: ser fuerte para mi mamá mientras enfrentaba la pérdida de su esposo de más de 50 años, acompañar a mi papá mientras enfrentaba su transición, asegurarme de que mi hija y mi hijo pudieran manejar emocionalmente la pérdida de alguien tan grande en sus vidas y apoyarme en mi red profesional para que cubrieran mi ausencia. Estaba en modo automático, haciéndolo todo.

Presencié el valor y la calma de mi padre con asombro mientras daba su último suspiro. Mi corazón estaba roto y el duelo me consumía. Pero entré en modo de resolver las emociones de todos y reunir a la familia para celebrar su vida. Mi mayor animador ya no estaba físicamente. Sentí una pérdida tremenda, pero no podía detenerme en ella porque ahora tenía una nueva preocupación que atender: ¿de qué forma asegurarme de que mi mamá estuviera bien?

Un año después, íbamos en mi auto rumbo al centro comercial cuando me compartió que no se sentía bien de salud. Inmediatamente agendé una cita con su doctora, lo que llevó a otra cita y otra más. Estaba tan ocupada como siempre con mis responsabilidades profesionales, pero organicé mi agenda para estar en cada una de ellas. Una cita en particular coincidía con un programa que estaba liderando en Londres. Contemplé si debía ir o no, pero mi esposo se ofreció a llevar a mi mamá a la cita.

El primer día del programa fue un éxito y me sentí bien al regresar a la habitación del hotel después de cenar. Entonces recibí un mensaje de Ken preguntándome si podíamos hablar. No era su mensaje alegre habitual, y de inmediato me senté, sintiendo que algo andaba mal. Lo llamé y mi cuerpo tembló al escucharle decir las palabras: «A tu mamá le diagnosticaron cáncer de vejiga». Fue un momento de decisión. ¿Me quedo en Londres tres días más o regreso a casa para abrazar a mi mamá de inmediato y hacerle saber que lucharemos juntas? No me tomó mucho tiempo elegir lo segundo, y al día siguiente ya estaba en un vuelo de regreso a casa. Mis colegas rápidamente intervinieron para cubrirme. Ese es el poder de trabajar con personas increíbles, esos colegas que te apoyan rápidamente incluso cuando significa que deben asumir más actividades. Esto no debe darse por sentado en todas las organizaciones. Me siento afortunada de ser parte de una cultura donde tengo colegas que se apoyan mutuamente. Esto es el resultado de elegir involucrarse auténticamente y construir relaciones de apoyo.

Sé que algunos se preguntarán por qué tuve que debatir una decisión así. Por supuesto, mi instinto inmediato fue priorizar a mi madre, pero también había una parte de mí que sabía que estaba a punto de alejarme de sitios profesionales que también eran importantes para mí. Puede existir esa sensación de perderse algo cuando tenemos que hacer convivir conscientemente nuestra vida personal con la profesional, pero la clave es considerar qué preferirías perderte. Para mí, no estar presente para mi mamá en un momento, que sin duda era aterrador y difícil para ella, no era una opción que estuviera dispuesta a tomar.

Mi madre luchó contra el cáncer durante cinco años, soportando exámenes dolorosos, cirugías y quimioterapia. Lo hizo con una fuerza y gracia increíbles, y yo estuve completamente presente en su recorrido. Hoy, mientras escribo este libro, mi mamá tiene 88 años y está en remisión. No tengo ningún arrepentimiento cuando priorizo a mi mamá. Ella es mi pilar de fortaleza y mi mayor mentora, así que necesito que se sienta apoyada y cuidada en todo momento. Jamás quiero que sienta que me aleja de mis prioridades profesionales. Pero algunos días todavía lucho con el proceso de ser jalada en diferentes direcciones. Tengo que enfocarme muy bien respecto a lo que recibe mi atención, así que aprovecho cada momento que puedo, incluyendo esos momentos en que estoy atrapada en el tráfico de la ciudad de Nueva York viajando entre las citas médicas de mi madre y tomando una llamada de trabajo en el auto. Tenemos que encontrar la manera de hacerlo funcionar, y también tenemos que liberarnos de la culpa. Y elegir a mi mamá y su salud absolutamente me libera de mi culpa.

Adaptarse a Lo Inesperado

Mi hija había aceptado un gran puesto en una empresa de tecnología en la costa oeste, y yo estaba teniendo una crisis total mientras regresaba de dejarla en el aeropuerto. Afortunadamente, luego de ese día difícil vinieron viajes increíbles para poder visitar a Ginaly en California. Siempre nos divertíamos mucho y atesoraba esas oportunidades de pasar tiempo juntas, aunque las visitas siempre terminaban con ambas llorando al despedirnos. Así que, cuando el confinamiento por la pandemia global llegó a casa, supe que afectaría mi capacidad de visitar a Ginaly. Esa fue una de las muchas duras realidades del COVID-19, y me puso muy triste. Pero no tenía idea al principio de lo triste que llegaría a estar.

Ginaly quedó embarazada durante la pandemia. Ella y Ronald estaban más que felices, y todos nosotros también estábamos emocionados por ellos. Odiaba no poder estar allí para cocinarle sus antojos y ayudarla durante su embarazo, pero elaboramos un plan para que yo pudiera estar presente en el nacimiento de mi primer nieto. Con todas las restricciones de COVID, decidimos que lo mejor era que yo volara a California, rentara un apartamento a corto plazo, hiciera cuarentena por 14 días, me hiciera la prueba y luego entrara en su «burbuja». Lo programamos para que coincidiera perfectamente con su fecha de parto, y no podía esperar a terminar mi cuarentena para poder abrazarla y tocar su pancita.

El 20 de diciembre de 2020 me dirigí al aeropuerto para tomar un vuelo temprano. No me sentía bien, pero acababa de recibir un resultado negativo de COVID dos días antes. Mientras hacía fila para registrar mi equipaje, recibí una llamada de Ronald diciéndome que Ginaly estaba en los principios de parto. «¿¿Qué?? ¿¿Cómo que está en parto?? ¡¡No le toca hasta dentro de tres semanas!!» Entré en pánico total. Ahora nuestro plan estaba desfasado. No podría estar con ella cuando regresara a casa, ya que tendría que hacer cuarentena esos 14 días. Me senté en ese vuelo de Newark a San Francisco, con doble mascarilla, gafas, careta y guantes. Ni un sorbo de agua, ni un bocado de comida. Estaba decidida a minimizar mi riesgo de contagiarme de COVID. Se sintió como el vuelo más largo de mi vida mientras mi mente se llenaba de ansiedad por no estar allí para Ginaly mientras estaba en trabajo de parto. Realmente quería estar allí.

Liam Phoenix Rodríguez nació esa misma noche, hermoso y sano. A la mañana siguiente, me sentía extremadamente cansada y débil, con tos. Mi esposo llamó para decirme que tampoco se sentía bien y que iba a hacerse la prueba. En pocas horas, me dijo que había dado positivo. Entré en pánico total. Mi mente se llenó de preocupaciones por mi hijo adolescente en casa, ¿estaría bien? Me preocupé por mí misma. ¿Acaso tenía COVID? Sabía que necesitaría ayuda, así que contacté a la Chief Leadership and Human Resources Officer de Accenture, Ellyn Shook. Le envié un mensaje detallando mi situación del momento.

Ella respondió de inmediato: «No entres en pánico. Te llamo en diez minutos». Era exactamente lo que necesitaba escuchar en ese momento lleno de ansiedad. De inmediato dejé de entrar en pánico, ya que Ellyn entró en modo de apoyo. Reunió a un equipo para proveerme todo lo que necesitaba; desde pruebas y comida hasta apoyo emocional. El equipo de Accenture también proporcionó comidas diarias en casa para mi esposo e hijo, quienes finalmente dieron positivo. Estoy eternamente agradecida por el increíble nivel de apoyo que recibimos. Ellyn, junto con otros colegas y líderes, demostraron su espíritu verdaderamente humano.

Después de dar positivo, pasé tres semanas en ese apartamento, esforzándome cada día por mantenerme físicamente fuerte. Hubo momentos difíciles, como el día en que mi visión se volvió tan borrosa que pensé que había perdido la vista. Y emocionalmente estaba hecha un desastre. Me sentía terrible por no estar allí para ayudar a mi hija durante las primeras semanas después del parto. Me sentía culpable por no estar con mi hijo y esposo mientras luchaban contra el COVID. La realidad de que mi hijo estuviera enfermo sin que yo pudiera cuidarlo era un dolor insoportable.

Una vez que me autorizaron, me encontré con mi hija afuera. Le di un gran abrazo mientras las lágrimas fluían incontrolablemente por mi rostro. Cuando me separé, le dije: «Estas no son lágrimas de tristeza, son lágrimas de alegría porque por fin puedo verte y conocer a mi nieto». El nacimiento de mi primer nieto no fue ni por cerca de lo que había soñado, pero fue una experiencia que cambió mi vida en muchos niveles. Después de un total de 5 semanas en California, abordé un avión, nuevamente con doble mascarilla, gafas, careta y guantes para volar a casa. Es tan difícil querer estar en dos lugares. Mi corazón se rompió al dejar a mi hija y a mi nieto. Pero también se llenó de alegría y emoción por ver a mi esposo, hijo y mamá. Estaba tan agradecida por mi recuperación, así como por la de mi esposo y mi hijo. Cuando los abracé ese día, los sostuve un poco más y más fuerte de lo habitual.

La dificultad de pedir ayuda durante desafíos y crisis personales a menudo requiere un diálogo interno. Debemos crear el espacio para contemplar los beneficios de buscar el apoyo que necesitamos. También debemos creer que nos hemos ganado la oportunidad de ser apoyados durante estos desafíos en nuestro recorrido. Por último, necesitamos identificar cómo se ve nuestro apoyo ideal y si ese apoyo está disponible para nosotros. Una vez que hacemos esta contemplación interna, podemos pedir ayuda.

Integrar Con Plena Conciencia

Nunca he adoptado el término «equilibrio entre la vida y el trabajo». Sé que se supone que inspira un estilo de vida más saludable, pero para mí, siempre se ha sentido más como un recordatorio de lo desequilibrados que nos sentimos constantemente. En cambio, prefiero integrar conscientemente los distintos aspectos de mi vida personal y laboral. Puede que nunca haya un equilibrio perfecto. Pero puedo elegir cuidadosamente cuáles serán mis prioridades en cualquier día, semana, mes o año. Decidiré qué delegar y en qué comprometerme a hacer personalmente.

Sopesaré los pros y contras de las decisiones que entren en conflicto con mi vida personal y profesional.

Al pensar en las razones por las que prioricé el trabajo mientras estaba en reposo o en casa con mis hijos, me doy cuenta de que me impulsaba el miedo a perder el terreno y el éxito que había creado para mí misma. Quería asegurarme de que nadie perdiera de vista el valor que aportaba. Era mucha preocupación para cargar, pero también me hizo más consciente de los desafíos que enfrentan otros. Hay mucho en qué pensar cuando gestionamos equipos, trabajamos con colegas y nos relacionamos con nuestro propio liderazgo. Cuando los acontecimientos de la vida alteran sus rutinas ¿decidimos hacer una pausa para reconocer sus puntos de dolor y los conflictos internos que se viven?, ¿estamos actuando como líderes verdaderamente humanos cuando se pierde a un ser querido?, ¿somos conscientes de que una persona que atraviesa desafíos médicos puede temer el impacto que tendrá en su sustento y carrera?

Las interrupciones a mi plan profesional han influido en mi crecimiento personal y profesional, posicionándome para seguir adelante en esos momentos en que los sacrificios parecían demasiado abrumadores. Aprendí a reconocer esos momentos en que necesitaba persuadirme de dejar de dudar de mis decisiones y, en cambio, abrazarlas y confiar en que eran las decisiones correctas para mí en ese momento. He adquirido una comprensión más clara de la importancia de crear un espacio seguro y alentar a las personas a compartir sus sentimientos y circunstancias reales cuando experimentan eventos de vida complejos, porque es a través de esas conversaciones que salen a la luz sus verdaderas necesidades. También he aprendido a no esperar a que la gente me pida ayuda porque sé lo difícil que es para muchos hacerlo. En cambio, simplemente la ofrezco. También me he dado cuenta del regalo que les doy a los demás cuando acepto su ayuda en lugar de negarles la oportunidad de acompañarme en esas partes difíciles de mi recorrido. Las interrupciones suceden, pero ¡un plan interrumpido aún puede ser un plan exitoso y hermoso!

Preguntas para considerar

1. ¿Dudas en pedir y aceptar ayuda en el trabajo?
2. ¿Qué pasos estás dando para priorizar eventos inesperados de la vida por sobre las responsabilidades laborales?
3. ¿Cómo puedes ayudar a construir un entorno más consciente y de apoyo para ti y tus colegas en el trabajo?

CAPÍTULO

6

Reafírmate a Través De Tu Marca Personal

Como participante frecuente en paneles, a menudo escucho la pregunta: ¿Qué palabra te describe mejor? He escuchado una amplia gama de respuestas de otros panelistas. Esperanzada, apasionada, motivada, determinada y resiliente son algunas de las más comunes. Y aunque me identifico con todas ellas, mi respuesta siempre es: «Valiente». Hay varias formas de definir esta palabra, pero la que mejor conecta conmigo es: *Tener o mostrar la capacidad de enfrentar el peligro y las dificultades con firmeza.* Esa sola línea abarca exactamente lo que se necesita para navegar el cambio. Ha habido momentos en que mis decisiones han sido «peligrosas» para mi carrera, tanto que me preguntaba cómo podrían impactar mi evaluación de desempeño o mis posibilidades de promoción. Y ha habido momentos en que el camino ha sido difícil. Después de todo, no todos estaban alineados con el cambio que yo defendía. Pero cada paso de mi recorrido ha requerido firmeza en mis decisiones, sin voltear a ver atrás. Ha requerido encontrar a esos líderes, colegas y compañeros increíbles que estaban dispuestos a apoyar la plataforma que yo representaba y buscaba implementar.

Mi Marca De Valentía

Recibí un mensaje de texto tarde en la noche de una *mentee* que recientemente había ascendido a un puesto de liderazgo preguntando: «¿Tienes tiempo para una charla rápida?». La conversación era familiar a lo que había escuchado de otras mujeres de color: «Una de las líderes me dice que me apoya en mi nuevo rol. Sin embargo, cada idea o propuesta que presento, la rechaza de inmediato. Sus mensajes son inconsistentes y quiero abordar esto, pero no estoy segura de qué hacer. Me frustra su actitud condescendiente y su intención poco genuina de apoyar».

Pienso en mi marca personal, *Valentía*, como una evolución de mi reputación. Al igual que mi reputación, valoro mi marca porque me permite tener cierta propiedad intencional sobre cómo quiero ser vista y experimentada por los demás. Soy una gran admiradora de quienes logran crear y posicionar efectivamente la suya, y atribuyo gran parte de mi éxito a definir, ejecutar y proteger ferozmente la marca que creé para mí misma.

Apoyándome en mi propia marca para guiarme, le pregunté a mi *mentee*: «¿Cuál es tu marca?».

Ella respondió con orgullo: «Ser equilibrada. Soy equilibrada en cada decisión».

Le pregunté: «¿Ser equilibrada te posiciona para presentarte de manera asertiva, segura y astuta? ¿Te recuerda que debes reclamar tu espacio y te impulsa a usar tu inteligencia emocional? ¿Cómo te ayuda tu marca a descifrar la manera en que deberías responder a esta líder que te envía mensajes contradictorios?».

Supe desde temprano en mi carrera que iba a necesitar valentía para navegar una cultura que no estaba diseñada para mi éxito. Iba a necesitar valentía para hablar por mí misma y abogar por otros. Iba a necesitar valentía para desafiar el statu quo. Y necesitaría mucha valentía para viajar por el mundo y ejecutar una agenda de inclusión. Mi

Cuando no construyes tu marca individual, te privas de la oportunidad de presentarte como quieres ser visto.

marca ha sido mi brújula constante a través de todo. Cuando me pregunto si una decisión es demasiado arriesgada, confío en mi marca. Cuando dudo de una acción que quiero tomar, confío en mi marca. Incluso cuando mi voz interna negativa quiere recordarme en voz alta que no pertenezco, confío en mi marca. Constantemente me he recordado confiar y vivir a través de mi marca de valentía, y no puedo imaginar mi recorrido sin esa base.

Durante mi conversación con mi *mentee*, me quedó claro que ella no había creado una marca de la que pudiera apoyarse en tiempos difíciles. Sí, ser equilibrada es una gran cualidad, pero para muchos miembros de comunidades diversas, se nos hace necesario tener una marca que nos recuerde nuestra fuerza interior y que nos posicione para ser vistos por otros como figuras a quienes respetar, valorar y tal vez hasta admirar. Llegar ahí requiere de planificación, cuidado y de la capacidad de mostrar consistentemente lo que representa tu marca. Piensa en por qué quieres ser conocido. La marca que establezcas, en muchas circunstancias, dictará cómo otros interactúan contigo, mientras que la ausencia de una marca puede abrir la puerta a que otros intenten influir en cómo eres visto. Cuando no construyes tu marca individual, te privas de la oportunidad de presentarte como quieres ser visto.

Integrar Tu Marca Con Tu Poder

Estaba liderando un curso de diversidad fuera de los Estados Unidos. enfocado en los desafíos de un grupo étnico en particular. Habíamos creado un espacio seguro y participativo donde podíamos hablar abiertamente sobre los obstáculos y oportunidades para esta comunidad de color. Líderes *sénior* se unieron a partes del programa, y mientras nos preparábamos para que un líder muy *sénior* presentara su compromiso con la diversidad, pedí a cada participante que pensara en preguntas que quisieran hacerle.

Después de presentar al líder, tomé asiento en un sitio donde él y yo podíamos vernos con claridad. Me sentía increíblemente orgullosa del progreso que todos estábamos logrando y de cómo este enfoque había evolucionado rápidamente. Entonces, le hicieron una pregunta al líder, la cual lo dejó visiblemente desconcertado. Los participantes querían detalles acerca de cuáles dos o tres cosas la organización priorizaría para cerrar las brechas existentes. Pude ver y escuchar su incomodidad mientras intentaba responder; me miró pidiendo ayuda. Mi corazón empezó a latir rápido. Tenía que decidir rápidamente cuál sería mi papel en ese momento. ¿Intervendría para ayudarlo a responder la pregunta, o me quedaría atrás y le daría la oportunidad de resolverlo por su cuenta? Decidí alinearme con mi marca de valentía y no intervenir para responder la pregunta por este líder, que era más *sénior* que yo.

Para mi alivio, finalmente logró responder de manera muy impresionante. Al terminar su presentación, me levanté para agradecerle y acompañarlo a la salida. Al salir del salón me preguntó: «Solo por curiosidad, ¿por qué no interviniste para ayudarme a responder la pregunta?».

Me detuve, lo miré y le dije: «Sé que fue incómodo, pero si hubiera intervenido, habría restado credibilidad a tu respuesta y no te habría dado la oportunidad de posicionarte como responsable de priorizar tu compromiso con la diversidad». Él me dio una señal de acuerdo.

Dos cosas sucedieron durante esa experiencia. Primero, me mantuve fiel a mi marca. Segundo, como ejecutiva *sénior*, reconocí mi poder de elegir no intervenir. En ese momento resolví para los participantes del programa al no intervenir y lograr obtener una respuesta clara de su líder. Cuando integras tu marca con tu poder, el resultado siempre será un impacto positivo.

Como persona de color, soy consciente de que cualquier decisión que tome para apoyar programas o personas representativas de mi etnia inevitablemente atraerá el escrutinio de otros fuera de nuestra demografía. Debemos ser constantes en defender nuestras decisiones y probar su validez imparcial, y una vez más, el nivel de energía que esto requiere podría alinearse mejor en otro lado. Pero desafortunadamente, muchas personas de color a menudo se sienten presionados a justificar acciones que pueden ser vistas como excluyentes para grupos no diversos, cuando en realidad lo que están haciendo es crear un camino para cerrar brechas. A eso digo: «¡no te dejes influenciar!». Así fue cuando decidí incluir a las Historically Black Colleges and Universities (HBCUs) y Hispanic Serving Institutions (HSIs) en nuestras escuelas objetivo de reclutamiento.

Sabía que una escuela en particular arquearía las cejas, no por razones de negocio justificables, sino por suposiciones inválidas. Esa escuela era la University of Puerto Rico – Mayaguez, una universidad que tenía y sigue teniendo un programa de ingeniería acreditado de alto nivel, y por lo tanto el potencial de atraer talento increíble a la empresa. Sin embargo, esa parte se ignoraba, y continuamente me cuestionaban por la elección. Dada la resistencia, habría sido mucho más fácil para mí no seleccionar esa escuela, pero estaba convencida y segura de que encontraríamos muchísimo talento allí. Sabía que no solo contrataríamos excelentes ingenieros, sino que también aumentaríamos nuestra representación hispana. Tenía una visión más grande, que contemplaba no solo enfocarme en esa universidad en Puerto Rico, sino también expandirme a otras universidades en la isla. Con esa base creíble, me dispuse a enfrentar los comentarios poco agradables. Constantemente escuchaba preguntas como: «Nellie, ¿solo quieres ir a visitar a tu familia en Puerto Rico y tomarte unas vacaciones?» o «¿Cumplirán con nuestros estándares?» También me preguntaban: «¿Son ciudadanos estadounidenses?». La lista era larga.

Por esto, era cautelosa con cada movimiento que hacía. No me atrevía a agregar un día extra a mi viaje a Puerto Rico, ni siquiera a mi propio costo, para ver a mis padres, quienes en ese momento vivían en la isla y siempre me pedían que me quedara uno o dos días. En cambio, ellos iban al aeropuerto y me veían unas horas antes de mi partida. Sabía el escrutinio al que estaba sometida, lo que aún hoy me entristece. Estoy segura de que tenía colegas que reclutaban en su alma mater o en escuelas cerca de sus familias y, sin dudarlo ni temer, agregaban días para visitar amigos o familia. Yo no sentía que tuviera ese mismo privilegio.

También sentía la presión adicional de asegurarme de que cada contratación fuera exitosa. Me preocupaba constantemente que incluso una sola experiencia negativa se reflejara mal, no solo en mí, sino en todos los reclutados de esa escuela. La presión era agotadora, pero las recompensas al final valieron la pena. No solo contratamos excelente talento de la University of Puerto Rico – Mayaguez, sino que también nos expandimos hacia varias escuelas en la isla. Hoy, tenemos talento increíble en nuestra organización, proveniente de esas universidades, incluyendo todas las HBCUs que también seleccionamos. Nada de esto habría sido posible si no me hubiera mantenido firme en mis creencias y o si no hubiera mi marca de valentía para atraer a estos nuevos y asombrosos reclutas.

Otro Entorno, Misma Marca

Estaba sentada en una gran sala de conferencias con el liderazgo *sénior* de un cliente. Me había invitado su líder de RRHH para ayudar a resolver un incidente público relacionado con la diversidad. La tensión en la sala era palpable. La única otra persona de color en la sala de su organización era una ejecutiva *junior* con poca influencia. Escuché atentamente cómo la marca organizacional se vería impactada, y había mucho por resolver. Para empezar, estaba el reconocimiento de que necesitaban un enfoque de diversidad impulsado por el negocio. Sentí que eran buenas personas que finalmente se daban cuenta de que necesitaban un cambio cultural. Escuché mientras esperaba el momento perfecto para insertar mis ideas en la conversación. Cuando hablé, mi enfoque fue directo y asertivo. No quería endulzar el impacto que este incidente de diversidad estaba teniendo en su base de clientes. Pero donde realmente puse mi enfoque fue en sus empleados. Planteé algunas preguntas desafiantes: ¿Cómo esto impacta en su base de empleados?, ¿será que algunos optarán por irse debido a este incidente?, ¿cómo impactará su compromiso y el orgullo que sentían de estar alineados con esta organización?, ¿está ese orgullo en peligro? Y de ser así ¿cómo impactaría en el compromiso de los empleados?, ¿qué tan rápido se podría enviar una comunicación para explicar la forma en que la organización afrontará el tema?

Mientras continuaba, podía sentir la incomodidad en la sala. Querían dar más tiempo a su líder más *sénior* para procesar las preguntas que había planteado y pensar en su respuesta, pero sabía que el tiempo era esencial y quería que todos sintieran la intensidad del momento. Así que, valientemente, seguí presionando sin dudar. No fue fácil, pero finalmente llegamos a un buen plan para conectar con los empleados, y fui implacable en liderar ese proceso. Había llevado a dos colegas conmigo a la reunión, y al salir, uno dijo: «¡Wow, Nellie! Eso fue intenso, pero brillantemente impactante. Yo no habría podido manejar la reunión de la forma en que lo hiciste».

Respondí: «Soy quien soy, sin importar dónde esté». En ese momento, confirmé dos cosas para mí misma. La primera, que me apasiona profundamente resolver para las personas y sabía que los empleados de esa organización necesitaban atención. Segundo, que me impulsa la valentía, incluso cuando estoy lejos de mi zona de confort. Ese fue el momento en que divisé cómo me había subestimado durante años al creer que posicionar mi experiencia como una oferta de mercado para clientes no era para mí.

He tenido muchas experiencias con clientes a lo largo de los años que me han mostrado lo necesario que es que líderes valientes intervengan y aboguen por sus empleados. Incluso tuve una reunión en la que era la única persona de color en una sala llena de asistentes muy desinteresados. En esa reunión, podría haber optado por simplemente seguir con mi presentación tal como estaba planificada. Podría haberme dicho a mí misma que ignorara su desinterés y simplemente terminar. Pero eso no sería yo. En cambio, reconocí con valentía el desinterés en la sala, desafiándolos a pensar por qué RRHH me había traído para hablar con ellos. Reconocí que me habían contratado para ayudar a estos líderes a entender el impacto de la diversidad y eso era exactamente lo que iba a hacer, aunque significara que todos íbamos a estar un poco incómodos antes de sentirnos cómodos.

Establecer Límites Al Reconocer Tu Marca

Esperaba con ansias ponerme al día con una antigua amiga, otra ejecutiva latina, que es una católica devota. Ambas acabábamos de regresar de las vacaciones de Pascua cuando nos conectamos por videollamada. Rápidamente noté su pesadez, ya que era claro que algo la molestaba. Le mencioné cuánto me había gustado su publicación en redes sociales de las fotos familiares del Domingo de Pascua y le dije: «Parece que tuviste un fin de semana de Pascua hermoso y relajante».

Ella respondió: «No, no lo tuve. De hecho, me siento ansiosa y enojada por eso».

Pude ver el enojo y la tristeza en su rostro. Hice pausa por unos segundos para darle espacio para procesar sus emociones. Comenzó a compartir que su líder intentó contactarla varias veces a su celular personal el Viernes Santo, que es uno de los días más sagrados para los cristianos. Ignoró las dos primeras llamadas, lo que ya le causó cierta ansiedad. En la tercera llamada, decidió contestar. En su mente, la solicitud del líder no era urgente y podía esperar. Le molestó la interrupción en su Viernes Santo, donde desconectarse del trabajo es parte de la observancia. Continuó compartiendo que también recibió numerosos correos electrónicos durante el fin de semana y que se sintió obligada a responder uno el Domingo de Pascua. Dijo que estaba muy confundida sobre hacia dónde dirigir correctamente su enojo. ¿Era un enojo hacia su líder?, ¿hacia sí misma?, ¿o hacia ambos?

Ahora, muchos lectores pueden pensar que fue culpa de ella por hacerse disponible, mientras que otros dirán que su líder mostró mal juicio de liderazgo. Ambas perspectivas tienen algo de validez, pero esas no fueron mis primeras observaciones. En cambio, pregunté: «¿Qué te hizo sentir que necesitabas contestar esa llamada y responder ese correo? Te conozco, y sé lo devota que eres a tu fe, lo que me lleva a creer que no te sientes lo suficientemente segura en tu rol si dejaste de lado la sacralidad de tu día santo para responder». Ella sabía que había permitido que su líder cruzara ciertos límites, y le aconsejé que abordara ese tema con ella para que no se crucen de nuevo. Y además de mantener sus límites, también le daría a su líder la oportunidad de crecer y ser más consciente de los límites con su equipo.

Pude ver que había un debate interno en ella. Estaba emocional porque sentía que había traicionado su fe al mostrar disponibilidad laboral para su líder. Pero quería que su líder se sintiera apoyada. Y no sabía cómo hablar con ella al respecto sin que pensara que no era flexible. No se sentía segura en su rol, como yo había inferido.

Entendiendo sus preocupaciones, le dije: «Sé lo asertiva y segura que puedes ser. De hecho, tu marca es ser directa y transparente. ¿Estás dispuesta a ignorar tu marca? ¿Estás dispuesta a dejar que tu marca se diluya al no actuar de manera coherente con ella?». Mientras se desarrollaba nuestra conversación, aceptó sacar fuerza de su propia marca y resolver varias cosas, comenzando por tener la conversación con su líder. Ensayamos sus líneas y determinamos que una en específico era imprescindible: «Te traigo esto porque quiero que ambas evolucionemos como mejores ejecutivas y líderes». En otras palabras, plantear la preocupación no era sobre quién tiene la culpa, sino sobre cómo puedes tomar una experiencia desagradable y acordar aprender y evolucionar mutuamente.

Los líderes deben ser conscientes de que cuando no consideran los límites necesarios para un entorno de trabajo diverso, saludable y de apoyo, causan interrupciones y ansiedad innecesarias en los demás. Esto a menudo lleva a una cultura de miembros de equipo agotados. Además, familiarizarse con las observancias religiosas de distintas fes es un ejemplo de cómo los líderes pueden apoyar a una cultura de inclusión y ser aliados de impacto.

Incluye a Todos/Eleva a Todos

Me pidieron unirme a una reunión con una organización que estaba bajo mucha presión para aumentar su representación de diversidad. No fui invitada por la líder de DEI, sino que la invitación vino de un líder de negocio. La sala estaba bastante llena de varios líderes, pero a medida que avanzaba la conversación, el silencio de la practicante de DEI me preocupó. Probablemente había dedicado mucho tiempo a construir y mantener un programa de diversidad para la organización, pero parecía que su opinión como experta no era valorada por los miembros del equipo de liderazgo. Entendí lo desalentador que eso puede ser.

A mitad de la reunión, pedí que rápidamente y en conjunto enumeráramos las áreas del negocio que sentíamos debían rendir cuentas para hacer más. Tras lograr un consenso rápido, me dirigí a la practicante de DEI y le dije: «Tengo una visión de las tres cosas principales necesarias para abordar las brechas, pero antes de compartirla, me gustaría escuchar tus ideas sobre lo que el equipo de liderazgo debe dejar de hacer, empezar a hacer y continuar haciendo para posicionar a todos para lograr el objetivo común». En ese momento, elegí incluirla. Elegí hacerle saber que, como colega de DEI, le iba a dar el espacio para brillar también. Ahora dependía de ella aprovechar ese momento. Seguí mi comentario diciendo: «Es importante que este equipo de liderazgo entienda qué se requerirá para ayudarte a liderar con éxito junto a ellos».

Sabía que tenía una decisión que tomar. Podría haber posicionado simplemente mi experiencia, o podría haber hecho de ese momento una lección. La oportunidad de liderar con el ejemplo y crear mayor conciencia sobre cómo ser un líder inclusivo no era una oportunidad que estuviera dispuesta a dejar pasar. Quería infundir parte de mi marca valiente en la practicante de DEI en ese momento. También quería mostrarle al equipo de liderazgo cómo reconocer que se estaban mostrando comportamientos excluyentes.

No doy por sentado la plataforma que tengo para impactar el cambio o motivar a otros. También entiendo y me he sentido cómoda eligiendo ser audaz cuando me siento más vulnerable. Construir y redefinir la marca de uno debe ser una evolución continua. Piensa en cómo quieres que sea tu imagen y si tu marca actual sigue sirviéndote mientras creces y evolucionas en tu recorrido. ¿Necesita algún ajuste? Nuestros recorridos profesionales nos llevan por muchos giros y vueltas. Cada experiencia nos da la oportunidad de evaluar cómo nos estamos presentando y qué necesita ajustarse. Para mí, la esencia fundamental de mi marca nunca ha flaqueado. Siempre he sido y siempre seré valiente. Pero en diferentes momentos, he tenido que incorporar diferentes componentes en mi marca para alcanzar nuevas metas o navegar espacios desconocidos.

Elige tu marca sabiamente. Una que te guíe y te impulse a alcanzar tu meta. Una marca que te haga sentir orgulloso de ti mismo. La marca que te sirva como brújula confiable. Debes ser reflexivo sobre cómo tu marca te está sirviendo a medida que cambias, creces y evolucionas auténticamente. Sugiero con firmeza que existe un gran beneficio al tener conciencia sobre la cultura en la que operamos. Una vez que nos detenemos intencionalmente para comprender plenamente nuestro entorno y contexto actual, esa conciencia nos ayuda a descifrar qué acciones debemos tomar para alcanzar nuestras metas. Crear y construir nuestra marca con esa conciencia cultural corporativa en mente nos posiciona para apropiarnos de la idea de cómo nos vamos a involucrar y marca el tono de cómo elegimos ser vistos. Cada nuevo nivel debe incluir una evaluación de cómo tu marca te ha servido hasta ahora, cómo debe servirte en el presente y qué modificaciones pueden ser necesarias para lograr metas futuras. El aspecto fundamental y esencial de tu marca debe permanecer estable, pero también contar con la flexibilidad de incorporar componentes que contribuyan a la evolución de tu carrera y aspiraciones.

Preguntas para considerar

1. ¿Cuál es tu marca?
2. ¿Eres consistente actuando de acuerdo con tu marca?
3. ¿Cómo impacta tu marca personal en tu carrera?

CAPÍTULO

7

Resolver Para Uno Mismo y Para Los Clientes; Evaluar La Diversidad, Equidad e Inclusión

No te enojes, sé creativo. Mientras veía cómo el liderazgo se dirigía hacia un nuevo rumbo, un pensamiento inquietante seguía repitiéndose en mi cabeza: «Necesito reubicarme». No se trataba de mudarme a una nueva ciudad o para una nueva casa; se trataba de mi rol y mi estatus. La intensidad de la disrupción que estaba a punto de ocurrir, junto con la increíble incomodidad que sentía, me llevó a reconocer la necesidad de reubicarme en un nuevo rol. Deliberadamente elegí no usar la palabra «cambio», pues todo se sentía mucho más pesado y ciertamente más amenazante que eso. No me estaba diciendo tranquilamente que necesitaba considerar cambiar de rol. En mi mente, estaba enfrentando una gran disrupción que me hacía sentir desplazada, sin otra opción que arrancarme de raíz y crear un nuevo camino, un tema que me era bastante familiar. A lo largo de mi recorrido en Accenture, yo misma había creado cada uno de mis roles, y aquí estaba, necesitando hacerlo de nuevo.

Al principio, no estaba lista para los cambios de liderazgo que estaban ocurriendo y, de hecho, me resistí. Luego, un día me encontré mental, emocional y físicamente cansada. Me pregunté: «Si una de tus *mentees* estuviera pasando por esta experiencia, ¿cómo la ayudarías?». Esa simple pregunta me permitió cambiar mi perspectiva inicial basada en una emoción a una basada en la razón, y supe exactamente qué preguntas debería hacer:

- ¿Qué estás procesando en este momento?
- ¿Estás procesando el cambio con una visión amplia y holística o te sientes más cómoda con la opción fácil de quedarte en ese espacio de enojo y la resistencia?
- ¿Te das cuenta de que estos cambios van a ocurrir? Ya sea que los resistas o no.

Considerar estas preguntas fue un momento de verdadera revelación para mí. Se aclaró mi panorama al darme cuenta de que mi enojo no estaba lastimando a nadie más que a mí. Y ¿qué beneficio obtenía al permitir que mis emociones mandaran sobre mis acciones? Elegí hacer una pausa y lidiar con mis propios sentimientos. Este cambio de mentalidad me llevó a hacerme otro conjunto de preguntas:

- ¿Qué tal si estos cambios son lo que yo necesitaba, al igual que la organización para seguir evolucionando?
- ¿Qué es lo que se encuentra detrás de mi resistencia?
- ¿Hay ego u orgullo involucrados aquí? —Esta fue difícil—. Reflexionar sobre estas preguntas y enfrentar mis sentimientos me brindó un momento realmente liberador. Me dio la oportunidad de buscar y aceptar mi propia claridad y, con esa claridad, pude recurrir a mi valentía, ser creativa y alinear mis habilidades para ir más allá de las limitaciones que rodeaban ese rol al que no estaba lista a renunciar. Sí, necesitaba cambiar de rol, pero eso no tenía que ser algo malo, aunque en ese momento se sintiera de esa manera. Necesitaba darme permiso para dar validez a ese sentimiento y superarlo.

Los cambios son inevitables a medida que las organizaciones evolucionan. La mayoría de nosotros simplemente no podemos escapar de esa realidad. Los líderes cambian, los equipos cambian y las trayectorias profesionales cambian. Es constante. En un principio estos cambios pueden alterar y volver confuso nuestro estado de ánimo, así como afectar a futuros planificados o percibidos. Pero no podemos dejar que eso dicte nuestras respuestas. En cambio, debemos elegir experimentar a conciencia los cambios dentro de nuestras organizaciones y, cuando lo hacemos, el cambio de dirección suele volverse claro.

Aunque siempre he sido valiente al promover la diversidad internamente en Accenture, dudaba en pasar al rol de entregar trabajo de DEI de manera externa a clientes. No me daba el espacio para considerar esto como una opción potencial porque me había convencido de que no sería buena vendiendo el trabajo. También me decía que sería difícil acceder a líderes de la industria como mujer latina, especialmente considerando el sesgo que prevalece asociado a mi diversidad. Sin embargo, la vida trae muchas sorpresas y, a veces, es a través de esas sorpresas que nos vemos obligados a entrar en lugares a los que de otro modo nos convenceríamos de no ir.

Decidí quedarme quieta y dar la bienvenida al flujo de posibilidades que ahora rebotaban en mi mente. No era donde quería ni habría elegido estar en ese momento, pero era mi nueva realidad y necesitaba dirigirme hacia el nuevo rol de entregar trabajo de DEI externamente. Como dije antes, crear un nuevo rol era territorio familiar para mí, pero esta vez se sentía muy distinto. Este cambio no era porque yo me estuviera posicionando para expandir mi alcance o para sumar líderes que patrocinaran programas de diversidad en todo el mundo. No tenía un manual preciso de experiencias sobre las cuales apoyarme para dar mi próximo paso. No había una hoja de ruta que me dijera qué hacer en esta nueva circunstancia.

Muchos profesionales se encuentran en este tipo de situaciones. Es parte de enfrentar los cambios organizacionales. En algunos casos, podrás liderar algunos de estos cambios y cada decisión que tomes tendrá un impacto en los demás. Luego habrá cambios organizacionales liderados por otros donde tú experimentarás el impacto. Cuando esto sucede, puedes sentirte desplazado o personalmente perjudicado de alguna manera; que es exactamente como yo me sentía. Pero hay algo extremadamente importante que recordar en esos momentos. . . los sentimientos pueden ser destructivos y capaces de dejar sin espacio la emoción que podrías experimentar por los desafíos y oportunidades que se avecinan. Esto no significa que no experimentemos situaciones que con justa razón nos lleven a dudar acerca de si quienes tienen influencia sobre nuestras carreras elegirán posicionarnos para el éxito continuo. Sin embargo, tenemos la responsabilidad personal de asegurarnos de equilibrar nuestras emociones y descifrar el ruido destructivo. Si no tenemos cuidado, ese ruido puede llevarnos a tomar decisiones impulsadas por la emoción, que en última instancia no nos entregarán beneficio.

Formar una cultura inclusiva puede sentirse como un trabajo arduo, que requiere valentía para la autorreflexión y audacia para liderar. Sé que al igual que yo, otros, sin duda también han tomado riesgos al abogar por el cambio. Crear y mantener una cultura inclusiva que sea sentida por todos los empleados y clientes requiere de: compromiso, defensa y conciencia sobre las experiencias de los diversos segmentos de diversidad. Simplemente tener programas de inclusión y diversidad no es suficiente. El verdadero éxito de los objetivos de inclusión y diversidad hacia la equidad y la igualdad depende del impacto que estos programas tienen en los empleados. ¿Estos programas están dando frutos? ¿Están cerrando brechas a lo largo del ciclo de talento? Es decir: ¿logran cumplir con atraer, retener, desarrollar y promover? ¿Están haciendo evolucionar culturas y abrazando la autenticidad de los empleados? ¿Están resolviendo en beneficio de la equidad de talento?

Hoy, los empleados esperan que las organizaciones den prioridad significativa a la inclusión, diversidad, equidad e igualdad, lo que lleva a los líderes empresariales a buscar claridad sobre DEI y las maneras de promoverla con eficacia dentro de sus organizaciones.

En Accenture, Carolina Cardoso, Johnathan Medina y yo lideramos la creación de nuestra oferta de mercado de DEI. A lo largo de nuestro trabajo con estas organizaciones, nos plantearon algunas preguntas comunes. Los empleados preguntaban: «¿Dónde cree que está mi organización en relación con su compromiso con la Diversidad e Inclusión?». El liderazgo preguntaba: «¿Dónde cree que necesitamos estar para seguir demostrando nuestro compromiso con la Diversidad e Inclusión?». Estas dos preguntas, junto con mi experiencia en Accenture, llevaron al desarrollo del marco de madurez de DEI, que compartimos con los clientes para ayudarlos a evaluar realmente dónde están y en qué lugar necesitan estar enfocados en sus objetivos de DEI.

Los Cuatro Pilares Del Marco De Madurez De DEI

En Accenture, la diversidad abarca todas las formas visibles y no visibles en que las personas difieren; incluyendo estilos, experiencias, identidades e ideas únicas. La inclusión es un entorno donde las diferencias son bienvenidas, valoradas, aceptadas y celebradas. Todas las personas experimentan un sentido de comunidad y pertenencia. Definimos la equidad como el proceso de proporcionar oportunidades, acceso y apoyo para abordar los desequilibrios y crear un trato justo e imparcial para que todos puedan prosperar. En Accenture, posicionamos la Inclusión primero porque creemos firmemente que se debe crear una cultura de inclusión para recibir y retener talento diverso, con énfasis en crear equidad (DEI).

El marco de madurez de DEI de Accenture va desde lo más «básico» respecto a cumplir con los requisitos regulatorios hasta las prácticas «líderes» que crean una diferenciación de negocio.

Este modelo proporciona una forma clara de evaluar el desempeño organizacional. Profundicemos en la evaluación de cada fase:

Fase I: Fundamental (hacer lo correcto)/acciones básicas:

- La organización ve D&I como un mecanismo para supervisar el cumplimiento
- La estrategia de D&I existe en ciertas partes de la organización, pero no se gestiona de manera centralizada
- Se establece un comité de D&I, pero está liderado por recursos de nivel medio con influencia limitada
- Los procesos de compras consideran la diversidad de proveedores solo como parte de un conjunto más amplio de criterios
- Existen Grupos de Recursos de Empleados (GRE), pero no tienen responsabilidad sobre los objetivos de D&I
- La comunicación sobre D&I es impulsada por los GRE

Fase II: Programática (prioridad estratégica)/acciones intermedias:

- La estrategia de D&I se gestiona de manera centralizada y está alineada con la estrategia de negocio
- El caso de negocio de D&I está definido y se rastrea mediante métricas específicas y el liderazgo comunica los objetivos de D&I internamente
- El comité de D&I evoluciona a una estructura más formal como Consejo de D&I responsable de los resultados de D&I
- Las políticas de la organización son influenciadas por la estrategia de D&I
- La diversidad de proveedores es un componente de la estrategia general de D&I
- Los GRE tienen objetivos y metas claras de D&I

Fase III: Estratégica (responsabilidad empresarial)/acciones avanzadas:

- D&I está integrado en la estrategia de negocio y es apoyado por todas las funciones, no solo por Recursos Humanos
- El liderazgo mide el impacto de las políticas y acciones para asegurar que estén en función de los objetivos de D&I
- El Consejo de D&I es responsable de los resultados de D&I y es apoyado por un líder de D&I, posee recursos dedicados y es patrocinado por el *C-Suite*
- Los líderes pueden articular el caso de negocio de D&I
- Las brechas de D&I en la cartera de talento (más allá del género) se abordan y se usan para informar sobre la estrategia de D&I y las prácticas laborales
- Los GRE reciben fondos y se miden según los resultados de D&I

Fase IV: Integrada y sostenible (responsabilidad de negocio)/ acciones de alto impacto:

- Todos los empleados entienden el caso de negocio de D&I y demuestran comportamientos inclusivos
- Un equipo de liderazgo diverso establece, mide y comparte objetivos de D&I externamente
- El *Chief* D&I *Officer*-líder reporta al *C-Suite* y es responsable de desarrollar e implementar estrategias de D&I que se encuentren alineadas con la visión del Consejo de D&I del liderazgo organizacional más alto
- Los líderes son responsables de alcanzar los objetivos de D&I
- Las funciones-unidades de negocio se miden por sus contribuciones a los resultados de D&I

- Se utilizan analíticas predictivas y tácticas para eliminar sesgos y promover carteras de talento diversos
- Los GRE operan como Grupos de Recursos de Negocio y se miden por resultados de negocio (por ejemplo, desarrollo de productos, marca corporativa)

A media que las organizaciones buscan crear una cultura sostenible de inclusión, igualdad y equidad, deben comprometerse a integrar D&I en estas seis áreas clave de enfoque organizacional:

- **Intención estratégica**, donde Inclusión y Diversidad están integradas en la estrategia de crecimiento general y se difunden efectivamente por toda la organización
- **Comunicaciones**, donde las comunicaciones reflexivas e inclusivas son esenciales para el éxito de la organización
- **Métricas y análisis**, identifican objetivos de D&I a partir de un enfoque basado en datos, capaz de identificar áreas de mejora y rastrear el progreso
- **Comportamientos de liderazgo**, donde los líderes son responsables de demostrar comportamientos que hagan sentir bienvenidos, escuchados y en igualdad de condiciones a talentos de diversos orígenes
- **Acciones de talento**, alinean recursos para atraer, retener, desarrollar y promover programas de talento para construir equipos diversos e inclusivos en toda la organización
- **Cultura inclusiva**, donde personas de todos los orígenes y culturas se sienten incluidas y valoradas

Comparto con orgullo que Accenture está en la Fase IV, la fase líder. Llegar a este punto ha sido el resultado de múltiples líderes en todo el mundo creyendo en el beneficio de negocio y el poder de la diversidad. Priorizamos ir más allá de simplemente «tolerar» las diferencias, para pasar a un abrazarlas y crear un entorno donde la autenticidad es celebrada. Cuando estas creencias y mentalidades tienen un sitio central en la manera en que lideran los líderes, envían un mensaje claro de inclusión que se impregna en toda la organización. Los *CEOs* marcan el tono, y puedo decir con confianza que lo he visto a través del apoyo y la evolución con George Shaheen, Joe Forehand, Bill Green, Pierre Nanterme y actualmente Julie Sweet. Cada uno expandió progresivamente el enfoque de la diversidad a través de su liderazgo y voz, lo que se ha intensificado con cada transición.

El Marco De Madurez En Acción

Un ejercicio que disfruto hacer con los clientes consiste en reunir a varios líderes de la organización en una sala. Les pido que miren el marco de madurez y me digan individualmente dónde creen que está la organización en el recorrido de DEI. Sin falta, las respuestas nunca están completamente alineadas. Siempre hay algunos que creen que su organización está más atrás y otros que creen que está más avanzada. Nunca me sorprende esta falta de consenso porque entiendo que cada líder recurre a sus propias experiencias personales y profesionales al hacer estas evaluaciones.

Una reunión en particular con el equipo directivo de un cliente se destaca con claridad en mi memoria. La gran mayoría de los líderes insistía en que la organización estaba haciendo todo lo posible, y más de lo esperado, para promover una cultura inclusiva. Pero los líderes diversos expresaron una perspectiva muy diferente. Les di la oportunidad de hablarlo, de desafiarse entre sí y escuchar distintas opiniones. Durante el debate, pedí ejemplos de lo que la organización estaba haciendo bien, así como instancias específicas donde se podría hacer más. Para quienes sentían que la organización hacía todo lo posible, también les pedí que consideraran si los empleados que son miembros de grupos subrepresentados por etnia, orientación sexual y otros aspectos de diversidad estarían de acuerdo con su evaluación.

Dado que esta organización estaba orientada al cliente, les pedí a estos líderes que también tomaran en consideración las siguientes preguntas:

1. ¿Creen que sus clientes esperan más respecto a su postura sobre la diversidad?
2. ¿Hay alguna preocupación por tomar una postura pública sobre temas sensibles de alto perfil que puedan alejar a algunos clientes?
3. ¿Esa posible preocupación está impactando en cómo evalúan la postura y el posicionamiento de la organización sobre diversidad?
4. ¿La organización toma en cuenta la diversidad al interactuar con proveedores?
5. ¿Qué expectativas creen que tienen sus accionistas respecto a DEI?

Planteé intencionalmente estas preguntas para enfatizar que el compromiso con la diversidad y la igualdad requiere tener una visión amplia de todos los ángulos del negocio; internos y externos a la organización. Mientras hablaban, observé cuán atentamente escuchaba el CEO. Sus señales no verbales no indicaban su postura en el debate. No podía saber si estaba viendo a alguien indiferente o genuinamente enfocado. Aunque me preguntaba si su equipo de liderazgo estaba siendo impactado por su silencio, también me impresionó la capacidad del grupo para disentir y debatir con pasión, aún en presencia del CEO.

Al finalizar la discusión, miré al CEO para tener su respuesta. Miró alrededor de la sala y dijo: «¡Gracias a todos por este diálogo tan poderoso! Diría que no estamos haciendo lo suficiente y necesitamos averiguar cómo equilibrar entre el apoyo a nuestros empleados, resolver para nuestros clientes y lo que esperamos de nuestros proveedores. Apenas estamos en la Fase II de este modelo de madurez y todos deberíamos aspirar a llegar a la Fase IV». Continuó con su creencia de que había mucha oportunidad para evolucionar antes de preguntar: «¿todos están listos para comprometerse y alcanzar nuestras nuevas metas?». Cada líder mostró su apoyo con entusiasmo.

¡Qué momento tan hermoso! El equipo de liderazgo se sintió empoderado para expresar sus opiniones y desafiarse con respecto. El CEO fue generoso al darles ese espacio y mostró un liderazgo increíble al reconocer las deficiencias del estado actual y establecer una meta a alcanzar. Cada líder entendió que acababa de recibir la tarea de hacer de DEI una prioridad para la organización y una parte importante de sus roles de liderazgo. El tono se estableció desde la cima. El CEO veía el avance de DEI como un valor de negocio capaz de impactar positivamente en la marca, los clientes y la fuerza laboral, a través de la innovación y el crecimiento.

No Podemos Permitirnos La «Fatiga De Diversidad»

Hace varios años, participé en un panel externo de diversidad y, una panelista dijo con vehemencia: «¿Saben?, todos estamos experimentando "fatiga de diversidad"». El término empezaba a ganar fuerza en muchos círculos, pero yo no estaba dispuesta a darle credibilidad a esta nueva tendencia. Lo veía como una excusa para quienes resentían o incluso se oponían a las conversaciones y acciones que apoyan a comunidades diversas. Quise intervenir y responder rápidamente al comentario de mi colega panelista. Respiré profundo, como buscando paciencia antes de responder: «Yo no estoy experimentando "fatiga de diversidad" y desearía que todos elimináramos esa frase de nuestras conversaciones. Como profesionales de la diversidad, no tenemos el lujo de experimentar "fatiga de diversidad" ni de darle más peso a esa afirmación. Si quienes lideran compran esa idea y la acomodan para otros que la suscriben, "¿cómo esperamos avanzar y generar cambios?"».

Mientras respondía, me sorprendió ver la cantidad de personas en la audiencia que asentían en señal de acuerdo. Aunque me alegró ver su reacción, también sentí el peso de mi respuesta directa y asertiva. Hablé rápidamente porque sentí una necesidad intensa de abordar el comentario de mi colega en ese momento. Sin embargo, cuando participo en paneles, mi objetivo es siempre compartir el escenario de manera equitativa y jugar un rol complementario con mis colegas. Pero elegir no decir nada y dejar que este término siguiera permeando la conferencia habría estado en conflicto directo con mi marca y lo que represento. Dirigí mi atención hacia ella con una invitación para que cerrara el tema. Ella me sonrió y dijo: «Tienes razón. ¡Gracias!». Fue un momento poderoso.

Los profesionales de DEI que lideran con eficacia asumen un rol enorme y crítico que es clave para el éxito continuo de las organizaciones. Se logra un alto alcance al combinar: compromiso estratégico, operativo y humano. Como profesionales de Diversidad, Equidad e Inclusión, nosotros:

- Patrocinamos, animamos, influimos, orientamos, motivamos, abogamos, guiamos
- Hablamos con valentía y confianza

- Servimos como confidentes y asesores de confianza
- Desafiamos normas y costumbres para transformar culturas y comportamientos
- Creamos, diseñamos y ejecutamos programas estratégicos
- Reunimos aliados y simpatizantes
- Educamos, buscando cambiar mentalidades y corazones
- Acercamos comunidades y visibilizamos la interseccionalidad
- Potenciamos que nuestras organizaciones aumenten sus resultados de negocio
- Quitamos de encima contratiempos, redirigimos y nos recuperamos
- Representamos y hablamos en nombre de nuestras marcas organizacionales
- Identificamos desde la creatividad formas de incluir a todos en el espíritu de la inclusión

Para lograr un impacto eficaz, es necesario ser: inquebrantable, incansable y estar completamente comprometido con nuestro mandato de avanzar hacia la equidad y la igualdad. Pero otro componente crítico para el éxito de los profesionales de DEI es el apoyo y patrocinio de colegas, pares y, lo más importante, líderes. No se debe esperar que los profesionales de DEI carguen solos con todo el peso. Las organizaciones necesitan líderes que adopten DEI como una prioridad en su agenda. En mis muchas

> *Negar los sentimientos de exclusión de otra persona, basándose en una evaluación personal y en la perspectiva propia de la cultura tal como la experimentas, es exactamente lo que impide que las personas vean el cambio que se requiere dentro de su organización.*

conversaciones con profesionales de DEI en distintas industrias, he encontrado que muchos dudan en tomar riesgos por temor a que la organización no apoye su visión de lo que realmente se requiere para generar el cambio. Esta es una realidad desalentadora. Escucho comentarios como: «Mi liderazgo realmente no quiere hacer cambios» o «Mi liderazgo parece estar más enfocado en evitar incomodar a quienes se sienten excluidos por iniciativas de diversidad focalizadas». También hay comentarios como: «Mi liderazgo no quiere tomar una postura que implique riesgos que puedan alejar a nuestra base de clientes» y «Mi liderazgo quiere que cuantifique los resultados esperados antes de aprobar recursos para financiar programas».

El rol del profesional de DEI ha cambiado drásticamente, de ser el único responsable de los resultados de diversidad de una organización a compartir la responsabilidad con los líderes de negocio para aumentar la rendición de cuentas. Juntos, líderes y profesionales de DEI aprovechan DEI para crear valor sostenible, crecimiento e impacto social. Pero en algunos casos, esto ha causado tensión. Los profesionales de DEI se han sentido desplazados por otros líderes de negocio que han asumido el rol de hablar interna y externamente sobre los compromisos de DEI de la organización. Muchos colegas externos de diversidad me han buscado para pedir consejo en las ocasiones en que han experimentado que otros entran de manera disruptiva en lo que perciben como su espacio. Eso los ha hecho sentir microgestionados o desplazados. Pero también entiendo lo poderoso que resulta cuando el liderazgo se involucra más en las iniciativas de diversidad. Cuando Ellyn Shook se convirtió en nuestra *Chief Leadership and Human Resources Officer*, inmediatamente marcó el tono de que DEI era responsabilidad de cada ejecutivo de RRHH; es así que incluyó DEI como una de sus principales prioridades y amplificó su voz al respecto. Esto, sin duda, generó mejores resultados. El liderazgo comprometido ayuda a acelerar los resultados que de otro modo se estancarían, aprovechando su poder de decisión para generar cambio. A través de su voz de liderazgo, amplifican la importancia de priorizar DEI. Por eso, los profesionales se benefician del compromiso de líderes que han elegido posicionar DEI como parte de su plataforma y/o de sus responsabilidades de liderazgo.

Como líder de DEI, necesitas tomarte el tiempo para definir y crear tu marca. ¿Serás un líder conocido por generar cambios con valentía, aumentar la representación y evolucionar una cultura de inclusión? ¿O serás un líder que posiciona su marca de manera más externa, obteniendo oportunidades limitadas para maximizar el compromiso interno y resolver brechas de diversidad? ¿Serás un líder abierto a la colaboración? No es un trabajo fácil, pero entender qué estás representando y a qué estás dispuesto a vincularte, te entrega una brújula que te ayuda a saber cómo vas a posicionarte y liderar.

Voces Que Se Elevan Por La Justicia Social y Los Derechos Humanos

He estado en el espacio de diversidad por más de 30 años. He experimentado y he sido un canal para la evolución del rol a nivel global y en distintas industrias. Hoy, los profesionales de DEI no solo resuelven brechas internas de diversidad. También resuelven desafíos culturales y sociales institucionalizados, de mucho mayor tamaño y amplitud. Resuelven cuestiones de derechos humanos, injusticias sociales y raciales. Al hacerlo, tenemos la oportunidad de aprovechar la influencia y el poder de las organizaciones que representamos. Ese es un rol y una responsabilidad que resultan increíbles.

Cuando acontecimientos vinculados a la injusticia social inciden en nuestras vidas, experimentamos temor por nosotros y por nuestros seres queridos, y en muchos casos atravesamos un proceso individual de duelo. No necesitamos conocer personalmente a las personas afectadas; aun así, entendemos la conexión que sentimos por las similitudes que compartimos, ya sea que representen nuestra etnia, orientación sexual, creencias religiosas u otra característica que esté siendo blanco de actos de odio o injusticias sociales. Esperar que las personas afectadas se presenten en el trabajo como si nada estuviera pasando es simplemente algo irreal. Además, estar en un espacio con personas que no ven las injusticias como algo importante pesa mucho en sus mentes y corazones.

Por esta razón, Accenture dio un paso audaz en 2016 al crear una plataforma llamada *Building Bridges*. El programa fue diseñado para tener un diálogo abierto sobre diversidad porque creíamos importante proporcionar un lugar de trabajo donde nuestra gente pueda tener conversaciones honestas sobre las injusticias sociales que afectan a nuestros colegas, clientes, familiares, amigos y comunidades. Nuestras discusiones han abarcado raza y etnia, religión, LGBTQI+, y muchos otros temas importantes. Durante estas conversaciones valientes, personas de comunidades diversas han compartido sus experiencias vividas con injusticias, todo con el objetivo de aumentar la conciencia y la alianza de otros.

Si bien muchas organizaciones han comenzado a organizar sus propias conversaciones «valientes», es importante señalar la responsabilidad que tienen de asegurar que las personas que comparten voluntaria y abiertamente sus experiencias vividas se sientan apoyadas y no expuestas a posibles sesgos u odio adicionales de parte de miembros de la organización. Al aprovechar sus experiencias como oportunidades de aprendizaje y concientización para otros, debemos asegurarnos de brindar cualquier asistencia que necesiten, ya que pueden estar reviviendo traumas personales.

Hemos creado espacios seguros para discusiones honestas sobre temas difíciles para construir confianza y aumentar la transparencia. También ampliamos nuestro programa *Building Bridges*, adaptado específicamente a cada país con «sesiones de escucha» en las oficinas locales, con el fin de crear comunidades unidas ante el propósito de abordar injusticias y problemáticas sociales.

En 2020, el mundo fue testigo del desgarrador asesinato de George Floyd. Esto creó una circunstancia en la que era imperativo que me alejara del trabajo con clientes para reenfocarme en nuestra organización interna. Era plenamente consciente de que el asesinato de George Floyd iba a desencadenar un ajuste de cuentas social y que la gente estaba sufriendo. Yo estaba sufriendo, pero sabía que tendría que dedicar toda mi energía a liderar el camino. Tres cosas debían suceder de inmediato:

1. Reunir al equipo de DEI de Norteamérica para preguntar cómo se sentían y darles la oportunidad de expresar sus emociones, dolores, miedos y sufrimiento. Quería compartir con ellos que, aunque todos estábamos sufriendo, como representantes del equipo de DEI, jugaríamos un papel significativo respecto a guiar a nuestra organización a través de este feo capítulo de nuestra historia estadounidense.
2. Reunir a nuestros líderes afroamericanos de más alto rango. Quería saber cómo estaban e idear de manera colectiva nuestro enfoque respecto a cómo nuestra organización debería responder interna y externamente.
3. Conectar con nuestro liderazgo *C-level*. Nuestra CEO, CL&HRO y otros líderes *sénior*. No me sorprendió descubrir que ya estaban en movimiento, liderando de manera

impresionante la determinación de cómo nuestra influencia y poder de marca jugarían un papel frente a la injusticia social y racial. Así que fue fácil alinear nuestros roles y responsabilidades en respuesta a esta crisis social. Todos estábamos unidos en el dolor y en nuestra feroz determinación de ser parte del cambio.

Me encargué de estar disponible para cualquier persona o grupo que necesitara hablar sobre lo que estábamos enfrentando como país, sin importar la hora del día o la noche. No dormía bien porque seguía preguntándome qué más podía hacer. Honestamente, elegí no descansar porque sentía que era mi responsabilidad estar disponible. Tenía muy claro que este nivel de intensidad no era saludable ni sostenible. Estaba en una batalla interna. Luego, un domingo por la tarde, mientras barría mi sala, sentí que mi ansiedad y enojo crecían. Estaba enojada de que todavía estuviéramos lidiando con estos problemas en pleno 2020. Estaba enojada de que le hubieran quitado la vida a alguien. Estaba enojada de tener que preocuparme por mi hijo; un joven de color. Estaba enojada de que las mujeres de color, y especialmente las mujeres negras, no tengan la tranquilidad que otras tienen sobre la seguridad de sus hijos, y estaba enojada de que algunas personas aún no comprendieran la intensidad y el miedo que permeaban en nuestras comunidades de color. Sentí que necesitaba hacer más, no solo dentro de Accenture sino también externamente. Entendía el dolor que sentían las personas de color y podía ver el dolor increíble que sentían las personas negras. También sabía que existían muchas personas fuera de estas comunidades que querían ayudar, pero no sabían cómo.

En ese momento, decidí salir de mi zona de confort, recurrir a mi marca de valentía y escribir un blog sobre lo que necesitábamos de nuestros aliados. Me senté, hice una oración pidiendo guía y, con el corazón acelerado, empecé a escribir una entrada titulada:

«*To Be Completely Silent, is Really Loud*» («Estar completamente en silencio, es realmente ruidoso»). Ofrecía orientación para quienes luchaban por saber cómo podían involucrarse con la comunidad afroamericana/negra en este momento de dolor, sobre cómo los aliados que tal vez se sentían incómodos podían apoyar a las comunidades de color creando espacio para la empatía, sobre cómo apoyar a las personas en este momento de necesidad y no quedarse en silencio. No sabía que mis palabras serían compartidas miles de veces, incluso por líderes de distintas industrias. Recibí muchas llamadas, mensajes de texto y correos electrónicos de personas expresando su agradecimiento. Un mensaje en particular decía: «Nellie, estaba tratando de averiguar cómo podía conversar con la gente sobre esto. . . si debía tener una conversación, cómo empezarla, qué decir. Luego leí tu blog y obtuve las respuestas. ¡Gracias!».

Una vez más, recurrir a mi marca de valentía me dio la confianza para transmitir un mensaje que necesitaba ser escuchado en ese momento. El asesinato de George Floyd tuvo un impacto global. Ya no se podía ignorar el racismo, la injusticia ni el papel que cada uno de nosotros juega en la defensa de los derechos humanos.

Construyendo Un Entorno Más Inclusivo, Una Relación a La Vez

Nuestras diferencias, prejuicios y experiencias vividas juegan un papel en la manera en que nos relacionamos con los demás. Me preocupa cuando los líderes dicen que no entienden los desafíos que enfrentan las comunidades diversas. También me preocupa cuando los líderes no diversos rechazan a quienes cuestionan la inclusividad del ambiente de su empresa. Se ven a sí mismos como accesibles, con una política de puertas abiertas, por lo que no entienden cuando la gente expresa sus dificultades para sentirse incluida en la cultura. Sin embargo, negar los sentimientos de exclusión de otra persona, basándose en una evaluación personal y en la perspectiva propia de la cultura tal como la experimentas, es exactamente lo que impide que las personas vean el cambio que se requiere dentro de su organización. ¿No sería más sencillo que las personas prosperaran sin límites si entráramos en culturas corporativas inmunes a las influencias sociales negativas y los prejuicios relacionados con la diversidad?

La realidad es que construir un entorno inclusivo requiere trabajo, y si nos detenemos a verlo a través del lente de reconocer las diferencias y prejuicios que nos impiden tener conexiones inmediatas y afines, al menos tomaríamos decisiones informadas en ese momento. Deberíamos preguntarnos: ¿Estoy reconociendo que otros pueden no estar experimentando este entorno de la misma forma que yo? Un entorno inclusivo comienza con reconocer las brechas y, en algunos casos, esas brechas son evidentes. Así que la próxima vez que interactúes con alguien con un trasfondo diverso, pregúntate qué puedes hacer para cerrar esas brechas y lograr que sea una experiencia inclusiva. Mejor aún, elige extenderte e incluir en tu círculo a personas que tradicional o naturalmente no estarían allí.

Preguntas para considerar

1. ¿En qué lugar crees que está tu organización en relación con el marco de madurez de DEI?
2. ¿De qué manera contribuyes y participas en la evolución de una cultura inclusiva?
3. ¿De qué forma se valora tu rol como profesional de DEI dentro de tu organización?, ¿cómo apoyas a los profesionales de DEI?

CAPÍTULO

8

Muévete En Tu Red De Contactos Como Si Fuera Tu Propia Pista De Baile

Bailar salsa fue una parte significativa de mi vida de joven adulta. Mis amigas y yo teníamos nuestra estrategia perfeccionada, frecuentando clubes en Nueva York como el Copacabana (o Copa, como lo conocíamos), La Epoca, Chez Sensual y muchos otros. Desde Manhattan hasta el Bronx, sabíamos dónde encontrar la mejor música de salsa y los mejores compañeros de baile. Nos hacíamos amigas de los DJ para asegurarnos de que pusieran nuestras canciones favoritas. Luego, explorábamos la pista de baile en busca de nuevos bailarines talentosos y nos acercábamos a ellos. Así, estábamos en la pista mostrando nuestros mejores pasos con los mejores compañeros. Estábamos en nuestro *flow*, en nuestro ritmo, con nuestras mejores habilidades de baile en plena exhibición y nuestra energía por los cielos. Nuestra ropa de club estaba perfecta y nuestro empoderamiento en su máxima expresión. ¡Nos veíamos bien y nos sentíamos bien! Mientras vivíamos algunos de los momentos más despreocupados y mágicos de nuestras vidas. Éramos astutas y conscientes, mostrando confianza incluso cuando algunos pasos nos desafiaban. Queríamos ser vistas en esos clubes de salsa, y supimos exactamente cómo lograrlo.

Al recordar esos días, ahora reconozco que habíamos identificado e implementado los pasos necesarios para alcanzar nuestros objetivos de manera efectiva. Sabíamos a dónde ir y con quién estar alineadas. Descubrimos cómo ser vistas y nos relacionamos con las personas que podían ayudarnos a hacer evolucionar nuestras habilidades. Reclamábamos nuestro espacio sin disculpas y nos presentábamos. Básicamente, sabíamos cómo construir relaciones y hacer *networking* de manera efectiva. Por supuesto, en ese entonces no sabía cómo llamarlo, pero eso es exactamente lo que hacíamos, y éramos realmente buenas en ello. Entonces,

¿cómo pasé de conquistar y adueñarme con confianza de mi espacio en las pistas de baile de Nueva York a retirarme tímidamente al baño de damas durante todo mi primer evento de *networking* corporativo?

Durante mi primer año en Accenture, me pidieron asistir a un evento en el Marriott Marquis Hotel en Times Square. Muchos líderes estarían presentes y yo estaba emocionada de haber sido invitada. Al entrar al salón, me impresionó la belleza de una enorme lámpara de araña colgando del techo. Las paredes de madera oscura estaban tan pulidas de manera tan impecable que reflejaban las siluetas de las personas que se movían por la sala. Estaba maravillada. Sentía que había entrado a un set de película. Pero esos sentimientos pronto se convirtieron en pánico. No conocía a nadie y no tenía a ningún miembro de mi equipo en quien apoyarme. Caminando por la sala por primera vez, observé a los asistentes conversando en grupos y riendo. Al no conectar con nadie en mi primer recorrido, decidí dar un par de vueltas más por la sala. Pero aun así no encontré la confianza para incorporarme a ninguna conversación. Mi sangre retumbaba en mis oídos mientras las voces de las personas se volvían cada vez más fuertes.

Incómoda e inquieta, decidí ir al baño de damas para despejar mi mente y bajar mi ritmo cardíaco. Me recibió una increíble mujer latina que trabajaba en la sección de tocador. Al comenzar a hablar con ella, la encontré accesible, amigable y acogedora, todo lo que no encontraba en los asistentes de ese hermoso salón de recepciones. La facilidad de mi conversación con ella me inspiró a intentarlo de nuevo, y regresé al evento decidida a conectar con alguien. En cambio, terminé en la fila para pedir una bebida. Cuando el bartender me preguntó qué quería, respondí con una sonrisa: «Agua, por favor». Parecía una respuesta simple a una pregunta simple. Bueno, eso rápidamente se volvió desconocido para mí cuando el bartender preguntó muy rápido: «¿Con gas, sin gas, limón o lima?». ¿Eh? ¡Adiós sonrisa! Lo creas o no, yo nunca había probado agua con gas y mucho menos le había puesto limón o lima a mi agua de la llave. Así que, por pura frustración, respondí: «Tú elige». Mala elección. A mis papilas gustativas no les gustó nada aquello que sentí como un asalto de agua burbujeante y amarga con sabor a lima. Sentí una gran decepción personal al dejar rápidamente ese vaso a un lado.

Volví a escuchar las voces, pero era dolorosamente claro que mi propio silencio resonaba más fuerte en mi cabeza que esos cientos de voces juntas. Pasé la mayor parte de mi primer evento de *networking* en ese baño de damas. Ahí encontré mi zona de confort. Esta mujer increíble hacía su trabajo de manera maravillosa, pero yo hacía el mío horriblemente.

Sé que muchos en ese evento me notaron caminando sola varias veces, pero ninguno pensó en incluirme en su conversación. Así que, cuando la gente me pide un ejemplo de falta de inclusión dentro de una cultura, digo: «Piensa en un evento de *networking* organizado por tu empresa. Piensa en qué tan fácil se vuelve estar allí y participar cuando conoces a las personas asistentes; tus colegas, miembros del equipo y líderes. Ahora, imagínate en un grupo pequeño en ese evento. Estás participando y quizás hasta disfrutando. Ves hacia arriba y notas a alguien caminando solo por la sala, y es obvio que no ha encontrado una conexión. Este es tu momento de decidir: ¿vas a actuar con una mentalidad inclusiva e invitar a esa persona a tu grupo o vas a ignorarla y dejar que continúe caminando en busca de esa conexión?».

La verdad es que el *networking* no es un proceso sencillo. Requiere tiempo, compromiso, energía y planificación. En muchos casos, incluso después de poner esfuerzo, algunas personas aún tienen dificultades para participar sintiendo satisfacción. Pero debemos encontrar nuestra propia comodidad ante ello. Eso requiere de reflexionar acerca de qué es lo que no nos permite sentirnos relajados y seguros en estas situaciones. ¿Podría ser, por ejemplo, que no dominas el tema del que todos hablan en la sala? Recuerdo una cena a la que asistí, en la cual me sentí completamente fuera de lugar y no podía entender por qué. Así que me aparté y me pregunté: «¿Por qué te sientes así?». Necesitaba identificar el origen. Ya me había acostumbrado a ser una de las pocas personas de color en la sala, así que descarté eso como la causa de mi incomodidad. También había construido buenas relaciones con varios colegas presentes, lo que hacía mi incomodidad aún más desconcertante. Luego de un poco más de autoanálisis, finalmente lo entendí; no era la composición de las personas en la sala, era el tema de conversación con el que todos estaban en sintonía: tecnología y *blockchain*. No podía relacionarme porque no estaba bien informada sobre esa parte del negocio.

En vez de irme de la cena, hice lo que he escuchado decir tantas veces a nuestra CEO actual, Julie Sweet: «Sé un aprendiz permanente. No tengas miedo de preguntar o decir que no entiendes algo». Motivada por esas palabras, seleccioné a mi audiencia objetivo entre los asistentes, y con estrategia encontré el momento oportuno para intervenir y dije: «Quiero aprender más y necesito hacer tiempo para ello. ¿Por dónde sugieren que empiece?». Inmediatamente me sentí más cómoda cuando el grupo hizo llover recomendaciones. A veces debemos reconocer la manera en que nos sentimos y apartarnos para analizar por qué nos sentimos así. No recurras automáticamente a las reacciones que te resultan familiares sin considerar qué otros factores pueden estar impulsando tu respuesta.

Construcción De Relaciones

Es difícil predecir el valor total de las relaciones. Mientras algunas te ayudan inmediatamente, otras pueden resultar inesperadamente beneficiosas 20 años después. Entonces, ¿cómo nutrimos todas nuestras redes, tanto internas como externas, para aprovecharlas y crear un beneficio mutuo?, ¿cómo podemos descubrir formas de participar auténticamente en la búsqueda, construcción y mantenimiento de relaciones que incluyan diversas identidades?, ¿cómo nos motivamos para superar y romper barreras?

Generalmente hay tres puntos clave en el recorrido corporativo: nivel de entrada, gerencia media y ejecutivo *sénior*, y las relaciones son críticas en cada uno, y es importante saber que con la llegada de cada etapa se requiere de la realización de cuatro acciones muy importantes:

- Desarrollar la confianza para hacer *networking* entendiendo cuál es su importancia y ensayando escenarios
- Estar en disposición de priorizar la construcción de relaciones, aunque no sea algo que disfrutes hacer
- Asumir el compromiso de escuchar con atención y de estar presente en el momento, para decidir a quién deseas dar seguimiento
- Cultivar relaciones comprendiendo su importancia y valor para tu trayectoria

Estas acciones deben continuar con fluidez a lo largo de cada etapa de tu carrera, entendiendo que nuestro enfoque y necesidades a menudo modifican la manera en que jerarquizamos su importancia. ¿A qué me refiero? Los enfoques y necesidades evolucionan a medida que avanza nuestra carrera, y esto se ve ejemplificado a través de las características distintivas de cada etapa.

Las relaciones en nuestro recorrido profesional son esenciales, motivadoras y gratificantes, así que debemos dar prioridad a construirlas y fomentarlas. Todos queremos sentirnos valorados. Queremos trabajar con colegas que nos generen confianza. Queremos sentirnos inspirados para dar lo mejor, expandir nuestros roles y alcanzar nuevas alturas profesionales. Podemos lograr cada una de estas aspiraciones a través de la construcción de relaciones. Pero seamos realistas. Solo hay cierta cantidad de horas en el día y es difícil dedicar tiempo y energía a todo lo que consideramos importante. Ese reto nos obliga a tomar decisiones que nos hacen poner en prioridad algunas cosas y dejar a otras en segundo plano, lo cual está bien y es justo. Al transitar por estas decisiones, debemos elegir lo que mejor nos posicione para alcanzar nuestras metas. Identificar a las personas clave con quienes se puede construir relaciones es una elección que debe volverse prioridad. Los conocimientos que recibirás de esta red ampliarán tu pensamiento y te desafiarán a considerar nuevas posibilidades.

Recientemente me senté con una joven mujer de color en una reunión introductoria para «conocernos». A mitad de la conversación, le pregunté: «¿Cuáles son tus metas?, ¿dónde te ves a nivel profesional en los próximos 5 años?».

Ella respondió: «Me veo ampliando mi alcance actual, supervisando personas y agregando valor al grupo en el que me encuentro actualmente».

La miré y sonreí antes de responder: «Bueno, profundicemos en eso. Tu respuesta no habla del nivel que quieres alcanzar. No mencionaste extenderte más allá de tu grupo actual ni considerar otras áreas de la organización que te posicionen para adquirir nuevas habilidades y experiencias. Luego le hice algunas preguntas buscando sacarla de su zona de confort. «¿De verdad quieres estar en tu grupo actual haciendo lo mismo durante los próximos cinco años?, ¿te estás limitando?, ¿qué otras áreas de la organización se alinean con tus intereses profesionales y te generan entusiasmo?».

Vi cómo se le iluminó el rostro como si acabara de abrir una caja y descubrir una variedad emocionante de posibilidades. Me sonrió y dijo: «No me había visto como alguien que podría ser considerada para otras áreas fuera de mi equipo actual. Pero ahora me voy con el entendimiento de que necesito reiniciar y pensar en grande. ¿Cómo puedo siquiera iniciar el proceso de posicionarme para estas oportunidades?».

Elegí dedicar mi energía a esta joven porque creía que mis contribuciones e influencia agregarían valor para ella y la organización. Ella decidió invertir tiempo en nuestra relación. Y como resultado: el impacto fue un éxito, y llevó todo finalmente a un resultado positivo.

A veces esa positividad puede verse empañada por expectativas mal ubicadas. Los líderes deben estar dispuestos a dejar que aquellos a quienes dedican tiempo vuelen por su propia cuenta en vez de esperar que siempre sigan su ejemplo, casi como si exigieran algún tipo de lealtad a cambio. Debemos dar a quienes guiamos y orientamos el espacio para desconectarse cuando lo consideren apropiado para sí mismos. Mientras que algunas relaciones podrán ser duraderas, otras tendrán corta duración. . . y eso está perfectamente bien. Muchas veces, el beneficio mutuo de la relación cumple su propósito y termina. Pero a veces, las relaciones llegan a trascender al grado de asesores de confianza y en algunos casos hasta de amigos. Cada escenario tiene valor, ya que cada uno cumple su propósito productivo. Y con cada relación profesional siempre hay una oportunidad de aprender y evolucionar a través de la exposición mutua.

Oportunidad Desperdiciada

En el Capítulo 5, hablamos de la dificultad de pedir ayuda cuando los problemas personales interfieren con nuestras responsabilidades profesionales. Pero ¿qué pasa cuando esa misma fuente de duda nos impide aprovechar oportunidades de crecimiento profesional?

En una conversación reciente, un colega *sénior* habló sobre lo increíblemente difícil que le resulta simplemente hacer una solicitud a un contacto de negocios. Compartió que siempre está disponible y le alegra ser conocido como alguien que apoya a los demás. Pero también lidia con sentirse agotado por la falta de apoyo que recibe a cambio. Me dijo que constantemente se frustra consigo mismo. Cuando le pregunté a qué atribuía estos sentimientos, admitió con cierta incomodidad: «No sé cómo hacer una petición sin sentirme dependiente o incapaz de ejecutar mi rol sin ayuda. Me educaron para manejar todo por mi cuenta, para estar al servicio de los demás y nunca ser una molestia».

Le respondí rápidamente: «Tú sabes que tenemos que romper ese ciclo de pensamiento y tienes que comprometerte a empezar ya».

Era una historia familiar para mí, tal como resulta para muchas personas que intentan navegar por el mundo corporativo. Pero ¿cómo rompemos ese ciclo? Para empezar, debemos cambiar la narrativa. En vez de pensar: «No quiero molestar» o «No quiero imponerme», debemos decirnos: «Esta persona agradecería que me acercara». En vez de decir: «No creo que mis preguntas sean lo suficientemente relevantes para molestar a alguien pidiéndole ayuda», deberíamos decirnos: «No necesito medir la importancia de mis preguntas, ni tienen que ser impresionantes. Simplemente necesito pedir dirección y orientación sobre lo que es importante para mí en este momento». Debemos posicionarnos y aprovechar las relaciones sin el marco negativo de la narrativa. Si queremos buscar obtener las conexiones y las orientaciones esenciales que merecemos, no podemos seguir racionalizando las limitaciones que nos imponemos. En cambio, debemos adoptar la narrativa de que, cuando hemos invertido tiempo en construir estas relaciones, el acto de acercarnos es parte de la progresión y evolución natural.

Si queremos buscar las conexiones y orientaciones esenciales que merecemos, no podemos seguir racionalizando las limitaciones que nos imponemos a nosotros mismos.

A medida que construimos conexiones esenciales y avanzamos en la búsqueda de orientación, debemos tener claridad sobre qué esperamos lograr a través de estas oportunidades y qué semillas queremos plantar sobre nosotros mismos a través de las historias que compartimos. Estas son consideraciones que me hubiera gustado haber realizado en el principio de mi carrera cuando tuve la oportunidad de cenar con nuestro CEO de ese momento. Estábamos visitando un campus universitario donde él fue invitado como orador principal, y mi rol era asistirle en su visita y asegurarme de que todo saliera perfecto. En el evento, me senté con orgullo a escuchar a mi CEO mientras se dirigía a los estudiantes. Desde mi perspectiva, veía un hermoso mar de estudiantes de color. Sentí que era un gran logro tener la oportunidad de vivir ese momento. Era mediados de los noventa, y por primera vez en nuestra historia, nuestro CEO pasaba tiempo en una HBCU. ¡Aún más increíble era el hecho de que yo había tenido mucho que ver con llevarlo allí! Estaba tan emocionada en ese momento. Pero al reflexionar después, me di cuenta de que mi inexperiencia y falta de conciencia me hicieron perder una oportunidad rara y valiosa de hacer *networking* con el CEO. ¿Por qué no armé un mejor plan?, ¿por qué no busqué consejo de asesores de confianza acerca de esta oportunidad?, ¿qué debería haber hecho diferente?

Lo que aprendí temprano de esa oportunidad perdida fue que necesitaba desacelerar y darme cuenta de la importancia y el significado de este tipo de relaciones y oportunidades profesionales. Habría sido muy valioso tener un mentor que me aconsejara sobre cómo relacionarme con nuestro CEO. Una cosa me quedó clarísima: necesitaba construir relaciones con asesores de confianza y ahí, como si el universo lo hubiera planeado, apareció Andrew Jackson. En ese momento, Andrew era el segundo líder afroamericano de más alto rango en Accenture. Había escuchado que también lideraba esfuerzos para atraer personas de color a la organización. Dado que yo hacía lo mismo, me acerqué para presentarme. Fue el momento perfecto, ya que estaba trabajando para reunir a ejecutivos afroamericanos e hispanos. En esa introducción, compartí por qué era importante que él me conociera. Es decir, ¡estaba claramente en una misión! ¡Un clásico! Y fue así como nos convertimos en una nueva fuerza, unidos para ampliar la red y construir un programa de diversidad sólido y sostenible. No hubo necesidad de pasos cautelosos. No hubo duda alguna acerca de la visión del otro ni miedo de mostrarnos vulnerables. Nuestras experiencias como dos personas de color navegando los desafíos de la cultura corporativa nos permitieron conectar y asociarnos con rapidez. Desde el principio, nos decíamos las cosas tal y como eran, sin filtros. Rompimos barreras con valentía porque nos entendíamos y valorábamos de inmediato el «poder de dos». Estábamos en una misión, unidos a través de la creencia genuina de que nuestra organización era un lugar donde queríamos que otros como nosotros tuvieran la oportunidad de unirse y tener éxito. Solo necesitábamos abrir y ampliar ese camino.

Cuando puedes relacionarte y asociarte con colegas que son afines, que comparten experiencias y matices culturales, es innegable que se genera empoderamiento. Andrew y yo no teníamos que preocuparnos por prejuicios, no los había entre nosotros porque entendíamos la fuerza que ambos lográbamos sumar a nuestros roles. Tampoco teníamos diferencias culturales dramáticas que pudieran ser malinterpretadas o vistas como una falla en nuestro liderazgo o habilidades. Ese es el poder de la representación y la razón por la que es tan importante en todos los aspectos de la diversidad. Eres productivo desde el principio, porque desde el principio existe ese sentido de afinidad y pertenencia.

Andrew y yo construimos una red con personas de color increíbles. No esperamos permiso de nadie ni una bendición para decidir emprender la labor de cerrar brechas. Nos acercamos a otros líderes que representaban nuestras etnias. Reunimos colegas y líderes para que se unieran a nuestros esfuerzos. Luego, buscamos a los líderes influyentes capaces de apoyar con los fondos que necesitábamos para activar nuestra visión. El resultado fue obtener un mayor alcance de fuentes de reclutamiento, y membresías en organizaciones externas diversas. Activamos a miembros de nuestra red para que fueran mentores y formaran parte de programas de desarrollo de liderazgo. A través de ese proceso también forjamos una increíble amistad, que comenzó en lo profesional, pero trascendió a nuestras familias personales, así como a una familia extendida de todos aquellos a quienes orientamos, patrocinamos y apoyamos.

Ayúdame a Entender

Como hace la mayoría cuando el avión aterriza, rápidamente desactivé el modo avión de mi teléfono y empecé a ponerme al día con todo lo que me había perdido durante el vuelo. Al revisar mis mensajes, vi uno de un colega a quien había orientado durante años. Compartía una decisión que había tomado sobre dejar su rol de «*plus one*», que es una actividad que va más allá de las responsabilidades regulares de un empleado. A veces, los trabajadores eligen asumir estos roles voluntarios para contribuir con el cumplimiento de los objetivos de la organización. Mientras evolucionan sus propias habilidades, aumentan su visibilidad y expanden su red profesional. Este colega no sentía que tuviera la capacidad para manejar las tareas adicionales. Mi red de *mentees*, miembros de equipo y colegas saben que cuando me oyen preguntar: «¿En qué estabas pensando?», o decir: «Ayúdame a entender», eso significa que estamos a punto de tener una conversación profunda. Así que, cuando nos conectamos por llamada, mis primeras palabras fueron una combinación de ambas... «¿En qué estabas pensando? Por favor, ayúdame a entender porque no estoy de acuerdo». Empecé a bajar la escalera mecánica del aeropuerto mientras él compartía su razonamiento. Me sumergí tanto en la conversación que no me di cuenta de que seguía bajando por la escalera equivocada. Debí haberme visto muy desaliñada para quien me viera en ese momento. Justo cuando terminó de explicar su proceso de pensamiento, finalmente me di cuenta de que había estado subiendo y bajando la misma escalera. A pesar de mi recorrido frenético por el aeropuerto, le agradecí de manera comprensiva por compartir su razonamiento conmigo.

Rápidamente descifré que esta decisión fue motivada por la urgencia más que por el pensamiento estratégico. Así que, fiel a mi estilo, fui con preguntas. ¿Eres consciente de que, al dejar este rol, estás renunciando al acceso al *C-suite*?, ¿reconoces que a través de este rol has tenido una exposición increíble entre líderes influyentes?, ¿te has detenido a evaluar cómo ha evolucionado tu marca desde que asumiste el rol?, ¿esta exposición sigue siendo importante para ti y tus metas profesionales?, ¿qué otras opciones hay para reducir tu carga de trabajo? Pienso en estos como los cinco inicios:

- ¿Eres consciente. . .?
- ¿Reconoces. . .?
- ¿Te has detenido. . .?
- ¿Esto sigue siendo importante. . .?
- ¿Qué otras opciones. . .?

Pueden ser extremadamente poderosos en situaciones donde las personas necesitan pensar cuidadosamente sus decisiones. Pero ayudar a las personas con estas preguntas puede ser un reto cuando no se han establecido relaciones. Como líderes, a veces reconocemos la necesidad de conversaciones importantes con individuos, ya sean de posiciones *junior* o colegas. Pero podemos sentirnos limitados al buscar el valor para acercarnos, especialmente si no hay una relación establecida. Podemos sentir que hemos ganado el privilegio o permiso para profundizar en estas conversaciones, así que medimos nuestras palabras por miedo a causar incomodidad. Esto puede llevar a que se pierdan oportunidades de tener las conversaciones necesarias para la toma de mejores decisiones estratégicas, lo que subraya la importancia de las relaciones mentor/*mentee*. Por eso es necesario crear una red con personas que compartan nuestras experiencias, y que sean capaces de romper los límites percibidos para poder tener conversaciones auténticas.

Lo guié a través de varias otras opciones, y le ayudé a reconocer lo que estaría perdiendo. Pudo ser vulnerable en un espacio seguro, y nuestra conversación culminó con una decisión bien pensada para obtener un mejor resultado. Ese es el poder de las relaciones de confianza y afinidad.

El Poder De Elevar Las Relaciones Externas De La Organización

El acto de construir relaciones profesionales no se limita a las personas dentro de tu organización. Pero nuestras organizaciones no siempre crean ese espacio de manera natural. A veces podemos sentirnos invisibles y perdidos en la magnitud que tiene la cultura corporativa, casi como si estuviéramos relegados a una esquina donde las oportunidades de exposición significativa son limitadas.

Todos hemos experimentado momentos en la vida donde nos sentimos cómodos, relajados y bienvenidos. Es una sensación hermosa y, probablemente en ese momento te encontrabas con personas alrededor que te conocían bien, que te abrazaban y aceptaban. Esas son las personas que te brindan una sensación instantánea de pertenencia con conexiones culturales mutuas, gestos sutiles, identidades y saludos cálidos. Ese es el potencial impacto de construir relaciones dentro de organizaciones externas que sirven a comunidades diversas.

En la mayoría de los casos, estas organizaciones sin fines de lucro brindan un sentido inmediato de pertenencia y familiaridad. Ofrecen un entorno donde puedes ser tú mismo sin necesidad de cambiar de código ni protegerte ante prejuicios agotadores y dañinos. Estas organizaciones cumplen con múltiples propósitos para proporcionar un claro enfoque, mientras: resuelven brechas, abogan por comunidades y, en algunos casos, influyen en políticas gubernamentales.

Al contemplar la membresía en una organización externa, hay consideraciones importantes:

- Debes identificar una organización cuya misión sea importante para ti
- Saber en qué parte de la organización quieres participar y si ofrece oportunidades para abordar temas que te impartan, y así resolver brechas importantes
- Conocer cómo puedes involucrarte en algunos de sus eventos clave de alto perfil

No te unas solo por unirte. Haz una inversión en ti. Ten un plan para ser un participante activo, buscando unirte a sus comités, consejos asesores o junta directiva para beneficiarte del *networking*.

Siempre he buscado organizaciones externas con un enfoque para la marca Accenture. Pero también evolucioné la forma en que valoro algunas de estas organizaciones al reconocer que también juegan un papel importante en expandir la huella y la red externa de sus miembros. Una en particular ha sido mi participación con el Hispanics In Technology Executive Council (HITEC), una red de líderes hispanos en tecnología. No solo nuestra colaboración ha agregado valor para Accenture, sino que también fue reflejo de mi marca al recibir varios premios. Las organizaciones externas nos ayudan a ser vistos, elevan nuestra marca y nos conectan con redes más amplias. Validan nuestro recorrido y posicionamiento, mientras influyen en nuestras organizaciones para celebrarnos. Ese es el poder de estas organizaciones externas.

Preguntas para considerar

1. ¿Qué prioridad le das al *networking*?
2. ¿Cómo tu presencia y participación externa aumentan tu visibilidad y logran resoluciones para tu comunidad?
3. ¿Te detienes a reflexionar sobre la etapa actual de tu recorrido profesional y animas a otros a hacer lo mismo?

CAPÍTULO

9

Estoy Donde Merezco Estar

Hoy, después de más de 35 años en mi recorrido por Accenture, soy consciente de lo que se necesita para reclamar el espacio que me he ganado y hacer que mi voz sea escuchada. He aprendido a posicionarme para ser vista y que se reconozca mi valor. Me he posicionado con asertividad y he reconocido la manera en que cada decisión profesional ha impactado en mi objetivo general de generación de riqueza. Reclamar mi espacio ganado ha requerido conversaciones honestas conmigo misma sobre lo que me impacta, mientras me reto a salir de las zonas de confort que podrían haber limitado mis oportunidades y mantenerme estancada. He aprendido a diferenciar entre decisiones cargadas de emoción y aquellas bien pensadas. Me he rodeado de personas motivadoras y he comunicado asertivamente mis metas profesionales con los líderes, haciéndolos responsables como mis defensores. Para reclamar mi espacio merecido, he buscado aprender y evolucionar, pero también he sido generosa conmigo cuando mis errores me llevaron a lecciones difíciles o desalentadoras. He usado esas lecciones para enseñar y llevar a otros junto a mí en el camino, ayudándolos también a navegar sus propios rumbos. Ha sido un viaje verdaderamente increíble con personas increíbles, y solo fue posible porque me negué a dejar que los prejuicios me definieran y, sin tener que disculparme, definí mi marca de valentía.

Sin embargo, incluso con todas las cosas maravillosas que he experimentado, conseguido y aprendido, todavía me siento afectada cuando alguien duda o minimiza mis habilidades. Es un escenario familiar para muchas personas de color en posiciones de liderazgo de alto nivel, que usualmente comienza con una pregunta del tipo: «¿Cómo llegaste TÚ aquí?». Y sé que de manera superficial esto puede sonar como una pregunta inofensiva, pero cuando eres consciente de las microagresiones y los prejuicios constantes que existen, reconoces las insinuaciones subyacentes como que no estoy calificada, o que alguien me dio mi puesto en vez de haberlo ganado. Es una posición exasperante y un recordatorio constante de que afirmar tu valor es un requisito continuo para algunos de nosotros. Desafortunadamente, este tipo de preguntas nunca desaparecen, sin importar cuán *sénior* seas en tu recorrido.

Durante una conversación reciente con un colega a quien respeto y admiro mucho, me dijo: «Entonces dime, ¿cómo terminaste con este *puesto* que tienes ahora?, ¿cómo lograste ESO?». Inmediatamente me sentí afectada. No solo fue el sentimiento asociado a la pregunta, sino que el uso del término «*puesto ahora*» (¡igh!) me pareció despectivo. Se sintió aún peor porque venía de una persona a la que ayudé con valentía e incansablemente. Me sorprendió por completo la pregunta, pero incluso en mi incomodidad, elegí no alimentar esa narrativa. Ciertamente estaba en un punto de mi carrera donde justificar cualquiera de mis logros ya no era algo a lo que quisiera dedicar mi energía, y me molestó que él esperara que lo hiciera. Respiré profundo, me recosté en mi silla y lo miré directamente a los ojos. Luego, muy calmada e intencionalmente, le dije: «Estoy donde merezco estar». ¡Así de simple!

Pude ver cómo asimilaba mi respuesta mientras bajaba la cabeza por un momento. Cuando finalmente me miró, respondió tímidamente: «¡Y donde todos necesitamos que estés!».

¡Hazlo Tuyo!

Muy temprano en mi carrera, escuchaba a cada momento a los líderes decir: «¡Hazte dueña de tu carrera!». Inmediatamente sentí la intensidad de esa frase como un refuerzo para tomar decisiones propias, respaldar elecciones y asumir los resultados. Aunque al principio no estaba segura de cómo incorporar ese poderoso mensaje en mi carrera, sabía que ignorar un consejo tan valioso no sería sabio. Necesitaba integrar de inmediato este formidable mantra en la forma en que gestionaba mis experiencias, y eso fue exactamente lo que hice. Desde entonces, probablemente he usado el término miles de veces en mis sesiones de *coaching*. En su mayoría, la gente lo adopta con rapidez. Pero una conversación reciente me obligó a detenerme y desglosarlo con detalle.

Me conecté con una mujer que aspiraba a llegar a niveles de liderazgo. Cuando le hablé sobre la importancia de adueñarse de su carrera, respondió frenéticamente: «¿Qué significa eso realmente?, ¿cómo me adueño de mi carrera?, ¿qué necesito hacer? Suena difícil. ¡Necesito detalles!, ¡necesito saber los pasos con claridad!». Al principio estaba muy animada y sentí su agotamiento. Pero una vez que organizó sus pensamientos, dijo: «¿Estás sugiriendo que me vuelva más visible con líderes influyentes? Pero no siento que ahora sea el mejor momento, considerando el estrés de todos, ¿cómo se percibiría eso en el clima que estamos viviendo?».

Rápidamente le di tres respuestas para reflexionar:

- **Evalúa tu estado actual:** haz una pausa para ser honesta contigo misma sobre cómo realmente estás viviendo tu camino profesional.
  - ¿Cómo te sientes respecto al lugar donde te encuentras en tu recorrido profesional?
  - ¿Cómo sería soñar en grande y qué te llevaría al cumplimiento de ello?

No importa cuán junior o sénior seamos en nuestra profesión, mantener una curiosidad entusiasta de cara a una próxima oportunidad nos da una ventaja.

    - ¿Qué camino te parece realista y necesario para lograr tus metas?
- **Identifica tus bloqueos:** considera las limitaciones que tú misma estás poniendo en tu camino.
    - ¿Te estás alejando de roles desafiantes?, ¿cuántos has dejado pasar y cómo te sientes al respecto?
    - ¿Estás poniendo excusas para no relacionarte con líderes influyentes?
    - ¿Qué narrativa personal está limitando tu avance profesional?
- **Toma acción:** reconoce los pasos esenciales para adueñarte de tu carrera.
    - ¿Qué pasos a corto y largo plazo debes realizar para buscar con asertividad mayores alturas profesionales?
    - ¿Has preparado un *pitch* de aspiración profesional que te permita compartir tus metas y aspiraciones frente a líderes?
    - ¿Tienes un plan de acción para aumentar tu exposición y aprovechar oportunidades visibles?

Adueñarte de tu carrera requiere posicionarte de manera asertiva, con intención y estrategia. Sin embargo, no puedes hacerlo con eficacia sin dedicar tiempo a evaluar dónde estás, analizar tu progreso de cara a tus metas y establecer tu preparación para los retos que vienen. Esto requiere que tengas un acuerdo contigo misma, que consideres esencial el autoanálisis, y que veas como obligatorio desafiarte.

Durante una feria de empleo hace varios años, caminaba hacia nuestro *stand* de Accenture cuando vi un gran letrero que decía «The Accenture Adventure». Leerlo me dio un impulso inmediato de energía y rápidamente me dirigí a un grupo de estudiantes universitarios que esperaban hablar con algunos de nuestros representantes. Señalé el letrero y dije: «Mi aventura en Accenture me ha llevado del Bronx a África, Argentina, México, Australia,

Brasil, Canadá, China, Francia, India, Irlanda, Italia, Japón, Malasia, Países Bajos, Singapur, Corea del Sur, España y el Reino Unido. ¡Realmente ha sido una aventura!». Hice una pausa para que mis palabras calaran, y luego agregué: «Y pensar que. . . cuando tenía su edad, mi mayor sueño de viaje era ir algún día a Florida». Todos nos reímos, pero el peso de ese mensaje no se me escapó.

Para mí, la aventura en Accenture representa la elección de tomar riesgos y experimentar el mundo, una visión audaz que fue alentada en mí gracias al patrocinio de líderes increíbles. Cuando ingresé a esta organización, no esperaba viajar por el mundo. Los viajes globales no se suponía que fueran parte del guion para alguien como yo. Esa era mi creencia personal. Pero afortunadamente, durante mi carrera *junior* y de nivel medio, varios líderes pensaron distinto y me impulsaron en esa dirección.

Mientras iba ganando experiencia y construyendo otra perspectiva, también me posicioné para pensar diferente. En vez de cerrarme a nuevas oportunidades, pensaba: «¿Por qué no darme esa oportunidad?». Ahora, siendo honesta, fue una elección constante. Hubo muchas veces en que acepté nuevas oportunidades y luego me arrepentí al tener miedo. A veces me sorprendía pensando: «¿Por qué demonios te ofreciste para eso?, ¿de verdad quieres volar al otro lado del mundo?». Al reflexionar ahora sobre esos pensamientos, reconozco que mi mentalidad condicionada y creencia limitada simplemente no habían evolucionado para alcanzar lo que estaba destinada a lograr. Ahora sé que mi deseo de salir de mi zona de confort, evolucionar y tomar riesgos siempre estuvo presente y con alta emoción dentro de mí.

Solía escuchar a varios líderes favorecer a los miembros del equipo que aceptaban asignaciones internacionales a corto o largo plazo. Estas oportunidades de expatriado requerían mudarse físicamente y comprometerse a vivir en otros países por al menos un año. Quienes elegían estos caminos eran inmediatamente reconocidos en un nivel más alto, y recuerdo escuchar comentarios como: «¿Sabes? Ella conoce muy bien otras culturas porque trabajó en China e India» o «Él es excelente. Hizo tres asignaciones internacionales, una de ellas en Francia».

Estas valoraciones capturaron mi curiosidad desde varios ángulos. Pensaba que era muy valiente que alguien dejara la familiaridad y se embarcara en lo desconocido en otros países. Pero también pensaba en la desventaja de quienes no tenían el lujo de buscar asignaciones de expatriado por limitaciones personales. Y como resultado, no recibían esa ventaja. No quería que esa fuera mi realidad, y tuve que encontrar la manera de sortear esos escenarios. Así que, a pesar de mis miedos y de lo que creía que era mi falta de interés en viajar fuera de Estados Unidos, me posicioné para lograr expandir mi alcance. Lo que volvía más fuerte el impulso de cumplir el objetivo de lograr apoyar más en materia de inclusión y diversidad en todo el mundo. Elegí con claridad: derribar barreras y resolver creativamente para expandir mi experiencia global. Puede que no haya podido mudarme a otro país, pero ciertamente podía tener un impacto significativo en varios países trabajando *in situ* por días o semanas, a través de viajes más cortos, pero de alto impacto.

Viajar tanto por trabajo no fue fácil. Me encontré en conflicto entre mis ambiciones y las responsabilidades que desde mi cultura me habían enseñado, que dictaban que debía poner a mi familia primero, incluso antes que mi ambición. Preguntas pesaban sobre mí; «¿Cómo voy a lograr esto?, ¿cómo apago mis propios miedos?, ¿qué sacrificios estoy dispuesta a hacer y a qué costo?, ¿qué impacto tendrá esto en mi familia?, ¿acaso estoy siendo egoísta por querer esta experiencia?». Hubo mucha culpa puesta sobre mí por otros, así como por mí misma, pero descubrí algo muy importante. No necesitaba tener todas las respuestas para perseguir mis metas. Con cada experiencia, podía ajustar y reajustar. Algunos ajustes vinieron después de lágrimas, otros a través de sonrisas. Algunas lecciones fueron duras, otras agradables y divertidas. Pero a través de todo, aprendí el valor de ser flexible y darme la oportunidad de superar obstáculos y la posibilidad de no siempre hacerlo perfecto.

¿Y Ahora Qué?

Una pregunta constante ha aparecido a lo largo de mi carrera, y ha aumentado con cada nueva etapa: «¿Y ahora qué?». Aunque estas tres palabras a menudo han sido fuente de inquietud, también me han mantenido motivada al hacerme pensar en mi carrera con una visión amplia y holística.

No importa cuán *junior* o *sénior* seamos en nuestra profesión, mantener una curiosidad entusiasta por la próxima oportunidad nos da una ventaja. Ya sea que estemos comenzando, a mediados o llegando al final de una larga y exitosa carrera, la pregunta «¿Y ahora qué?», nos obliga a examinar continuamente nuestras decisiones profesionales y cómo nos sentimos al respecto. Este análisis personal acerca de la carrera también debe incluir una evaluación de nuestra salud financiera y de cómo estamos haciendo evolucionar nuestras metas de compensación y riqueza. ¿Estamos en ese punto de la carrera en que todavía falta camino para obtener nuestro máximo potencial de ingresos? O ¿Nos enfrentamos a una pista más corta? ¿Estamos rumbo a cumplir nuestras metas de construir activos y crear riqueza generacional? Con una evaluación honesta de nuestra situación financiera actual, así como de nuestras metas personales y profesionales, deberíamos tener una mejor comprensión de hacia dónde queremos ir.

A lo largo de tu recorrido, hazte estas preguntas para reflexionar y desafiarte:

Nivel de entrada: es momento de ser curiosa/o en todo:

- ¿De qué manera mi organización genera ingresos?
- ¿Quiénes son los líderes clave?
- ¿Dónde están mis actuales y futuras figuras influyentes que me apoyarán para lograr mis aspiraciones profesionales?
- ¿Cuáles son las habilidades clave que debería estar desarrollando?
- ¿Me siento segura/o como representante de mi diversidad? Es decir, con energía y preparada/o para posicionarme para ser vista/o, escuchada/o y valorada/o?
- ¿Me siento segura/o? Sí__ No__ ¿por qué?
- ¿Qué estoy haciendo para apoyar mi bienestar emocional?

Gerencia media: es momento de evaluar:

- ¿Estoy alineada/o con mi pasión?, ¿es de manera directa a través de mi rol o indirecta a través del poder de mi rol?
- ¿Hasta el momento he cumplido las metas profesionales a las que aspiraba?
- ¿Es este el entorno en el que quiero seguir alineando mis habilidades, tiempo y energía?, ¿o es momento de considerar un cambio de rumbo profesional?
- ¿Estoy comprometida/o a hacer lo necesario para acelerar mi carrera?

- Como representante de mi diversidad, ¿siento que he sido vista/o, escuchada/o y valorada/o?
- ¿Me siento segura/o? Sí__ No__ ¿por qué?
- ¿Qué estoy haciendo para cuidar mi bienestar emocional?

Ejecutivo *sénior*: es momento de reflexionar y planificar.

- ¿Quiénes forman parte de mi plan de sucesión?
- ¿De qué manera estoy elevando a otros dentro de mi organización?
- ¿Estoy aprovechando mi nivel de liderazgo, recursos y marca organizacional para resolver las brechas en la comunidad?
- ¿He tomado el tiempo de empezar a planificar mi próxima etapa?
- ¿Qué papel estoy desempeñando para que otros se sientan vistos, escuchados y valorados?
- ¿Me siento segura/o? Sí__ No__ ¿por qué?
- ¿Qué estoy haciendo para cuidar mi bienestar emocional?

Notarás que *ser vista/o, escuchada/o y valorada/o* resultan constantes en cada una de estas etapas. Ser «vista/o» puede manifestarse de muchas maneras dentro de una organización. Significa que tú y tus contribuciones gozan de reconocimiento, aceptación y respeto. Te has posicionado de buena manera, tanto como para ser visible ante otros en la organización. Sentirse «escuchada/o» es fundamental para nuestra carrera. Tienes una plataforma para contribuir eficazmente. Tu voz es escuchada a través de tu experiencia e ideas. Tus colegas, compañeros y líderes buscan tu opinión. Experimentas ser «valorada/o» cuando hay un sentido de logro e importancia, donde tus contribuciones son acogidas y la organización invierte en tu desarrollo y crecimiento continuo.

Cuando ser vista/o, escuchada/o y valorada/o están alineados y forman parte de la experiencia de una persona, se crea un ¡verdadero sentido de pertenencia!

Hay muchas razones por las que podemos no tener estas conversaciones importantes con nosotros mismos. Tal vez nos hemos sentido en paz en la comodidad de nuestros logros actuales. Después de todo, muchos de nosotros ya hemos alcanzado alturas mucho más allá de lo que alguna vez consideramos posible. Puede parecer egoísta o codicioso creer que merecemos más o planear asertivamente nuestro «próximo paso». También podemos haber decidido que mayores aspiraciones financieras son inalcanzables, convenciéndonos de que nuestro potencial de ingresos ya llegó a su máximo. Pero estas narrativas autolimitantes nos impiden alcanzar nuestras metas financieras. Nos detienen incluso de considerar las oportunidades de riqueza frente a nosotros y nos impiden aspirar a roles profesionales con paquetes de compensación altamente lucrativos. Si alcanzar cierto modelo de riqueza es importante, debemos posicionarnos para llegar ahí. Debemos estar preparados para aprovechar y reclamar oportunidades para negociar y abogar por nosotros mismos, para que no quede dinero sobre la mesa.

Es igualmente importante notar que el recorrido de cada persona varía. Algunos no desean un puesto mejor pagado. Tal vez planeamos dar un paso atrás en nuestras carreras aceleradas. Puede que tengamos una situación a corto plazo que requiera nuestra atención en casa, o busquemos desarrollar una mejor integración de nuestra vida personal y profesional en general. Sea cual sea nuestra meta final, aún debemos considerar cómo nuestros planes impactarán nuestro modelo de riqueza deseado y, a la vez, cómo nuestro modelo de riqueza afecta a nuestros planes a corto y largo plazo.

Competir No Es Una Mala Palabra

Estaba en un almuerzo formal de premiación recibiendo un reconocimiento. Como suelo hacer, recorrí la sala saludando a conocidos, conociendo nuevas personas y felicitando a mis colegas premiados. Al sentarme en mi mesa asignada, noté que Sol Trujillo, un ejecutivo latino muy respetado, se acercó a una de mis colegas premiadas para felicitarla. A él lo había conocido años antes, cuando fui invitada a una llamada donde tenía la labor de ser el orador principal. En ese momento, era CEO de uno de nuestros clientes más reconocidos. Me impresionó e impactó positivamente su presentación, especialmente porque era la primera vez que veía a un hispanoamericano en ese nivel.

Ahora, años después, este líder estaba justo frente a mí, y aunque quería participar en su conversación con mi colega premiada, era claro que interrumpir no era lo correcto. Cuando se despidieron, lo miré mientras se alejaba. Sí, fue una oportunidad perdida en ese momento, pero me prometí que no volvería a pasar. Me dije que llegaría el día en que él sabría quién soy. Sabía que mi red seguiría creciendo y colaborar con él podría generar resultados increíbles, ya que estaba muy orientado a los negocios y parte de un círculo muy *sénior*. Así que estaba decidida a hacer realidad mi afirmación.

Unos años después, la oportunidad de interactuar con él se presentó de nuevo. Ahora, retirado de su último puesto de CEO, ha cofundado L'ATTITUDE. Hoy, Sol y yo nos llamamos amigos. Hemos tenido conversaciones profundas, colaborando para cerrar brechas en nuestra comunidad. Hemos conformado ideas y puesto en acción cosas que son igual de importantes para nosotros y para la comunidad en general, trayendo a otros junto a nosotros. Recuerdo un evento donde tuve el honor de entrevistar a Sol. Le pregunté: «Más allá de ser vistos, escuchados y valorados, ¿qué más debemos hacer como comunidad?».

De manera muy asertiva y preocupada, respondió: «Tenemos que competir. Evitamos competir y debemos cambiar eso».

Su respuesta fue muy impactante para mí. Estaba tan seguro de su afirmación, que me hizo cuestionar mi propio nivel de competitividad. Sabía que había competido asertivamente a lo largo de mi recorrido, pero simplemente no lo llamaba competir. Sol me hizo darme cuenta de que necesitaba compartir este aspecto de mi carrera y animar a otros a competir sin miedo. Así que, poco después de esa entrevista, comencé a hacerlo.

Así como cambiamos nuestra percepción de la palabra «agresiva» a «asertiva» para describir a las mujeres, debemos dejar de ver «competir» como una mala palabra. Es una palabra que debemos incorporar y abrazar. Especialmente entre muchas personas de color, la idea de competir en un entorno corporativo resulta incómoda, particularmente porque muchos de nosotros nunca aprendimos las habilidades necesarias. En cambio, crecimos con conversaciones sobre trabajar mejor y más duro para simplemente ser considerados iguales, pero debemos recordarnos que estamos intelectual y profesionalmente al nivel de nuestros pares. Cuando se alentaba la competencia, rara vez era en relación con el entorno corporativo.

La definición de competir habla de superar a alguien y esforzarse por obtener algo a través de la derrota de otros. Sin embargo, para muchas personas de color, superar a un colega podría significar atraer atención negativa, prejuicios y envidia. Nos preocupa ser vistos como una amenaza por quienes no se parecen a nosotros y convertirnos en blanco de represalias. Pero debemos dejar de ver la competencia a través de la definición que nos enseñaron. En cambio, debemos verla desde la perspectiva de que competir nos permite alcanzar nuestras metas y construir nuestro modelo de riqueza futuro. Debemos sentirnos cómodos compitiendo.

Recuerdo que después de entrevistar a Sol pensé: «Somos guerreros». Cada uno de nosotros, a través de nuestro propio recorrido, ha abierto caminos inexplorados. Mi oportunidad de colaborar con él no sucedió solo por desearlo. Se concretó gracias a que estaba continuamente enfocada en posicionarme en el lugar correcto, con las habilidades y el poder adecuados para aprovechar la oportunidad. Durante el proceso de prepararnos para esas oportunidades, debemos ser nuestros propios guerreros. Debemos desafiarnos para eliminar barreras, alinearnos con líderes influyentes, identificar el valor y decidir qué posiciones queremos alcanzar.

Tengo un familiar que hace la misma pregunta cada vez que hablamos sobre personas de color en el sector corporativo: «¿Por qué crees que llegamos a cierto nivel y luego nos estancamos? Solo unos pocos llegan a la cima, ¿por qué?». Luego sigue con una larga lista de personas de color exitosas que aparentemente se han estancado, aunque siguen siendo líderes impresionantes. Cada vez que me lo pregunta, veo la angustia en su rostro mientras trata de identificar qué impide que tantas personas de color lleguen a los niveles ejecutivos más altos. Quisiera darle una respuesta clara, pero realmente no hay solo una. Hay muchos factores en juego, incluido el entorno cultural y la falta de patrocinio. En una de nuestras conversaciones recientes, pensé en la competencia. Me di cuenta de que, si considero aquellos factores que he visto impulsar a personas de color, mujeres y personas diversas en general, competir asertivamente está alto en la lista. Es parte de una fórmula que también incluye aprendizaje constante, *networking* estratégico, entornos inclusivos y patrocinadores comprometidos. Todo esto es necesario para ir más allá del estancamiento. Aunque muchos aún trabajan en uno o más de estos factores, debemos estar inspirados y dispuestos a recurrir a nuestro lado guerrero. Haz compromisos contigo mismo para destacar y posicionarte continuamente para crecer.

¿De Verdad Estás Empoderada/o?

Mis experiencias a lo largo de mi carrera corporativa han ido de lo tremendamente desafiantes a lo increíblemente gratificantes. He librado incontables batallas con pasión, ganando algunas y perdiendo otras. Algunas batallas me asustaron, otras me intimidaron, otras me inspiraron y otras me impulsaron a encontrar valor en alturas que nunca habría previsto. He celebrado en privado mis victorias con bailes de felicidad. Y con la misma energía, he reflexionado acerca de las derrotas y profundizado respecto a las lecciones aprendidas. He comprendido que no todas las luchas merecen una batalla total. He aprendido a ser reflexiva e informada. A elegir sabiamente y entender el poder del momento. También he aprendido a valorar el poder de las alianzas y el trabajo en equipo que me ha llevado a asociarme con líderes, colegas y compañeros increíbles de Accenture, que marcharon junto a mí, y llevaron a hacer evolucionar nuestra cultura con una visión inquebrantable para lograr nuestra misión de equidad en las comunidades. Hoy más que nunca, debemos mostrar nuestro compromiso continuo de resolver en función de la equidad y la igualdad.

Con cada reto y lección, aprendí más sobre mí y mi empoderamiento. Reconozco que no es algo que sucede sin planificar, y he desarrollado claridad respecto al hecho de que soy mejor rindiendo cuando lo siguiente es constante:

Confío en mí para. . .

- Sacudir y desafiar con buenas intenciones
- Abogar por mí y por otros
- Aprovechar y accionar mi poder

Continúo. . .

- Siendo mi propia animadora
- Posicionándome asertivamente
- Rechazando las limitaciones que puede tener mi zona de confort

Elijo. . .

- Proponerme a comenzar mi día con una oración y terminarlo con gratitud
- Ser comprensiva conmigo y con los demás
- Honrar mi cultura sin pedir permiso

Me comprometo a. . .

- Ser cuidadosa con la narrativa que me cuento
- Ser consciente del impacto que otros tienen en mí
- Establecer y respetar mis propios límites

Me empujo a. . .

- Ser astuta para distinguir entre prejuicio intencional e ignorancia no informada

- Ser consciente de cómo otros pueden interpretar mi lenguaje corporal y señales no verbales
- Pausar intencionalmente para limitar reacciones emocionales y dar forma reflexiva a mis respuestas

Todo esto puede sonar abrumador, pero no tiene por qué serlo. Puedes alcanzar tu propio empoderamiento siendo dueño de lo que puedes controlar y ajustando el rumbo en el camino. Si te presentas cada día con esta mentalidad, solo piensa en el potencial y el poder que percibirán de ti. Piensa en las vidas que puedes cambiar y el futuro que puedes crear para ti y tu familia.

Reconozco que mi tiempo en Accenture ha estado lleno de una increíble oportunidad de: ayudar, elevar y brindar oportunidades a las personas. Es un regalo que recibo con gratitud, por eso oro con propósito cada día. A menudo, la gente me dice que cambié sus vidas de alguna manera, lo cual es una afirmación muy gratificante. Así que, cuando me preguntan cómo pueden agradecerme, mi respuesta es fácil: comprométete a elevar a otros.

A lo largo de mi recorrido, he elegido aprender y he elegido abogar. ¡Continuamente y con valentía reclamaré mi espacio merecido, y con un compromiso inquebrantable, siempre rechazaré los prejuicios, encenderé el cambio y celebraré la belleza de la inclusión!

Reconocimientos

Es con un corazón lleno de gratitud que doy alabanza y agradezco a Dios por las innumerables bendiciones que me han sido otorgadas. Hay un dicho que dice que tu espíritu no te dejará descansar hasta que hayas logrado lo que estás destinado a alcanzar. Este libro es una de esas cosas. Había estado gestándose dentro de mí durante muchos años. Entonces, hace poco más de dos años, tuve una conversación con Ellyn Shook, Directora de Liderazgo y Recursos Humanos de Accenture. Hablamos sobre mi carrera y mis ambiciones futuras. Una vez que mencioné mis objetivos de escritura, ella me animó con entusiasmo a comenzar este libro con el patrocinio y apoyo completo de Accenture. A veces simplemente necesitas a una persona que cree el espacio para que alcances lo que de otra manera parecería una meta inalcanzable. Ellyn fue esa persona para mí, y por eso le agradezco de todo corazón. Siempre he creído que las personas entran en tu camino justo en el momento correcto, exactamente cuando las necesitas. A lo largo de este proceso del libro, hubo varias personas clave que sin duda hicieron posible este viaje del libro:

Erika Winston: Desde el momento en que leí su trabajo, quise que fuera parte de mi viaje. Su creatividad, compromiso incansable con la excelencia y compasión encendieron mi voz ya valiente y auténtica a lo largo de este libro. Erika fue más que fundamental para la finalización de este libro. Nuestra colaboración evolucionó hacia una amistad, y el vínculo que formamos tendrá para siempre un lugar especial en mi corazón.

Carolina Z. Cardoso: Hay una pregunta que surge frecuentemente como parte de la Encuesta de la Cultura Cooperativa: ¿Tienes un mejor amigo(a) en el trabajo? ¡Afortunadamente, mi respuesta es un rotundo sí! En nuestro viaje de más de 20 años, viajando por el mundo y resolviendo por la inclusión, hemos impactado positivamente tantas vidas juntas. Lo que no esperaba era la disponibilidad interminable de Carolina para apoyarme durante este proceso de escritura del libro. Ya fuera para verificar mi pensamiento, ayudarme a superar un momento de bloqueo del escritor o completar alguna verificación de hechos, ella se presentó con entusiasmo para mí cada vez. El apoyo emocional de Carolina fue invaluable, y ella es increíblemente especial para mí.

Rachea Amdemariam: Cuando busqué la definición de guía, decía: «una persona que aconseja o muestra el camino a otros». Rachea fue mi increíble guía durante el proceso de escritura. Su estilo nutritivo y asertivo me proporcionó una visión y cronograma que fueron necesarios para alcanzar esta meta. Ella gestionó la planificación del proyecto, reuniendo a otros para que se unieran en el viaje para ayudarme a lograr esta meta. Qué regalo ha sido Rachea para mí.

Carolyn Monaco: Carolyn no solo compartió su experiencia en la industria editorial, sino que también eligió ver el proceso de este libro desde una perspectiva diferente, reconociendo rápidamente su propósito y reconociendo la necesidad de él. Su comprensión inmediata de la importancia de asegurar la diversidad fue clave para este viaje y será apreciada para siempre.

Susan Mino: A veces las personas no son conscientes de cómo su entusiasmo juega un papel en alimentarte la energía que necesitas para comenzar hacia una meta. Ella ha sido un trampolín para mantenerme organizada, asegurando que los calendarios estuvieran sincronizados y las conversaciones cruciales continuaran teniendo lugar. El compromiso de Susan ha sido increíblemente especial.

Gwen Harrigan: Son esas conversaciones de corazón a corazón las que nos llevan a conectar a un nivel más profundo. Así comenzó nuestra relación de trabajo. Nos catapultó a un lugar de confianza aprovechando su orientación mientras el proceso de escritura del libro estaba llegando a su conclusión y la siguiente fase de participar en el mercado estaba por comenzar. Gracias a su convicción en el impacto de este libro, ella ha sido creativa e incansable en la promoción de *Inquebrantable*.

Molly Whyte: Las primeras impresiones son poderosas. Cuando Molly se unió al equipo, me impresionó inmediatamente su entusiasmo por participar en este proyecto. Durante una de nuestras muchas llamadas, ella compartió su experiencia leyendo el manuscrito. Poco sabía ella en ese momento que sus palabras fueron exactamente lo que necesitaba escuchar en ese momento preciso. Ella me da energía mientras continúa animándome.

Durante el proceso de escritura, mi familia ha sido mi pilar de fortaleza. Hubo momentos llenos de emoción y otros llenos de duda. Mi mamá, esposo, hija e hijo cada uno desempeñó un papel único en animarme durante los momentos en que el proceso se sentía un poco pesado. Aunque mi papá ya no está aquí físicamente conmigo, su presencia se sintió espiritualmente y ha sido una fuente de inspiración. ¡Su amor continúa elevándome!

A cada persona que he conocido a lo largo de mis más de 35 años con Accenture, cada encuentro interno y externo ha jugado un papel en ayudarme a lograr todo lo que he logrado. Quiero agradecer a todos los que han confiado en mí y me han permitido abogar por ellos, y a todos los que me han enseñado lecciones, ya sean inspiradoras o desafiantes. Gracias por desempeñar un papel importante en dar forma a mi carrera. ¡Mi esperanza es que todos se presenten cada día con empatía y elijan abogar incansablemente por la inclusión!

Sobre la Autora

Durante más de tres décadas, Nellie Borrero ha sido una voz de cambio y una líder firme e inquebrantable, comprometida con el avance de la inclusión, la diversidad, la equidad y la igualdad.

A través de acciones audaces y una defensa incansable, Nellie ha impactado a más de 500 000 personas a nivel global, fomentando entornos que rechazan los prejuicios y promueven la transformación. Está impulsada por la convicción de que, mediante la responsabilidad del liderazgo y el principio de que es responsabilidad de todos educar, comunicar y generar conciencia sobre las experiencias únicas de los demás, las personas pueden optar por abrazar el valor de la inclusión y celebrar la autenticidad de cada identidad.

Cuando Nellie se incorporó a Accenture en 1986, identificó rápidamente una oportunidad para transformar la cultura corporativa existente. Esto dio lugar a la creación del primer rol de diversidad de Accenture, desde el cual su perseverancia inquebrantable influyó en líderes y colegas para reconocer las ventajas empresariales de la diversidad, comprendiendo el poder y la mayor innovación que generan los equipos diversos.

Nellie ha trabajado en múltiples industrias y contextos culturales junto a profesionales de nivel *C-suite*, liderando iniciativas de Diversidad, Equidad e Inclusión (DEI) mediante estrategias sostenibles respaldadas por enfoques basados en datos, que aceleran el cierre de brechas y promueven el liderazgo inclusivo. Ha desarrollado programas galardonados y ha contribuido a que la empresa obtenga múltiples reconocimientos y posiciones destacadas en *rankings* de prestigio. Su impacto se extiende a nivel global, incluyendo Australia, Brasil, India, Japón, España, Sudáfrica, el Reino Unido y otros países.

Nellie es ampliamente reconocida por su liderazgo. Entre sus numerosos reconocimientos, ha sido distinguida con:

- Premio Estrella del Hispanic Technology Executive Council (2023)
- Miembro del Salón de la Fama inaugural «Latinas Más Poderosas» de la Association of Latino Professionals for America (2022)
- Salón de la Fama del Hispanic Technology Executive Council (2022)
- Latina mejor posicionada según LatinaStyle (2021)
- «50 Latinas Más Poderosas» de ALPFA, destacada en Fortune (2017, 2018)
- Principales Ejecutivos en Diversidad Corporativa de Black Enterprise (2016)

Su liderazgo ha sido destacado en medios como Forbes, Chicago Tribune, Management Consulting Magazine, Fair360, LatinaStyle Magazine y National Public Radio (NPR). Conferencista altamente solicitada, Nellie es reconocida por su impacto inspirador y su genuino compromiso con las personas. Ha participado como ponente en una amplia variedad de eventos, entre ellos el Colloquium on Global Diversity, People en Español, el Global Summit of Women, SHRM, LatinaStyle Top 50 y la Asian Business Roundtable Conference. Asimismo, es autora de diversas publicaciones que reflejan su experiencia y liderazgo.

Nellie obtuvo su licenciatura en Lehman College. Ha formado parte de múltiples juntas directivas de organizaciones sin fines de lucro, contribuyendo a generar un impacto positivo para las generaciones actuales y futuras. Su mayor alegría es compartir tiempo con su esposo, sus dos hijos, sus nietos y su familia extendida.

Índice

R

S

T